빌더스 코드
Builder's code

Builder's Code 빌더스 코드

원미영 지음

차례

프롤로그
설계가 생존의 기준선이 된 시대 · · · · · · · · · · · · 11

1장. 빌더의 시대, 새로운 주체의 등장

1. AI 시대, 왜 '빌더'가 주목받는가? · · · · · · · · · · · 19
2. 단순 실행자에서 설계자로의 전환 · · · · · · · · · · 26
3. 빌더 vs 기존 직무의 근본적 차이 · · · · · · · · · · · 34
4. 기존 자기계발의 한계와 설계형 사고 · · · · · · · · 45
5. 시스템을 설계하는 사람이 판을 바꾼다 · · · · · · 53

2장. 당신은 '빌더'인가?

1. 문제 재정의자: '왜?'라는 질문으로 판을 뒤집다   61

2. 실험가: 빠르게 실패하고, 빠르게 배우다   64

3. 크로스 통합자: 경계를 넘나드는 융합의 달인   68

4. 생태계 설계자: 함께 성장하는 구조를 만들다   73

5. 당신은 어떤 빌더인가?   77

3장. 빌더만의 생존 방식: '빌더스 코드'

1. 생존 공식 ① Why 5번 공식   87

2. 생존 공식 ② AI와의 협업 공식   95

3. 생존 공식 ③ 관계도 구조다   102

4. 생존 공식 ④ 알고리즘으로 움직이는 팀워크   109

5. 생존 공식 매커니즘: 실패를 견디고 이기는 구조   117

4장. 빌더의 라이프 전략

1. 시간-에너지 매트릭스: 하루를 재배치하는 기술   127

2. 실험 문화 구축 5단계   135

3. 크로스 적응력: 타 분야 아이디어 레버리지   143

4. 루틴의 비율이 성과를 결정한다   151

5. 미세한 1% 구조 변경이 99%의 차이를 만든다   160

5장. 빌더스 코드 커리어 전략

1. 3-Layer 포트폴리오 전략(기초/성과/성장 예측)	173
2. 채용 담당자가 체류하는 프로필의 조건	183
3. '5-3-1' 네트워킹 모델: 인맥이 아닌 구조 구축	193
4. 연봉의 격차는 결국 설계의 격차	203
5. 빌더는 이직도 프로젝트처럼 설계한다	210
6. 여정을 즐기는 사람이 진정한 승자다	216

에필로그
우리는 모두 베타 버전이다   223

__프롤로그__

──────── 설계가 생존의 기준선이 된 시대

5년 차 김 대리, 그리고 우리 모두의 이야기

새벽 2시, 서울 강남의 한 오피스텔. 5년 차 직장인인 김 대리는 노트북 화면을 멍하니 바라보고 있다. 화면에는 '이력서 수정 중'이라는 문서가 떠 있지만, 손가락은 키보드 위에 멈춰 있다.

"도대체 뭘 써야 하지?"

그는 자신의 5년을 돌아봤다. 어렵사리 취업문을 뚫고 들어온 스타트업. "함께 성장해보자"고 손을 내밀었던 팀장은 1년 전 "끝까지 함께하지 못해 미안하다"는 말과 함께 더 좋은 조건의 회사로 떠났다. 그러자 3명의 후임들과 미완성된 프로젝트들로 그의 어깨는 갑자기 무거워졌다.

매일 반복되는 업무. 아침마다 쌓이는 이메일. 끝나지 않는 회의. 새로 온 팀장은 변덕스럽기만 하다. 어떨 때는 "왜 더 생각해오지 않느냐"고 하고, 어떨 때는 "왜 마음대로 하느냐"고 한다. 도대체 어느 장단에 춤을 춰야 할지 알 수 없는 노릇이다.

3년 사귄 여자친구는 요즘 들어 결혼 얘기를 슬쩍슬쩍 꺼낸다. 하지만 현재 연봉으로는 전세자금 대출도 빠듯하다. 무엇보다 AI 시대가 온다는데, 지금 하고 있는 일이 '물 경력'은 아닌지 두렵기만 하다.

그가 대학교 4년간 열심히 공부했던 영어는 ChatGPT 앞에서 한순간에 무용지물이 된 것 같다. 10년 넘게 투자한 시간과 돈과 노력도 순식간에 날아간 기분이다. 그는 자신의 직장 경력 5년도 그렇게 될까 봐 밤잠을 설치고 있다.

김 대리의 이야기는 그리 특별하지 않다. 전국의 수많은 커리어 특강장에서 만난 사람들의 공통된 공감대이기도 하다. 열심히 공부했고 취업도 했는데, 다시 일자리를 찾으러 나온 사람들. 나는 그들의 눈빛에서 다음과 같은 질문들을 읽을 수 있었다.

"내가 지금 잘하고 있는 건가?"
"이대로 계속 가도 되는 건가?"

역사는 반복된다: 당신의 일이 사라지고 있다

1997년 12월 12일, 한국은 IMF 구제금융을 신청했다. 하루아침에 수많은 기업이 무너졌고, '평생직장'이라는 신화가 산산조각 났다. 30년 동안 한 회사만 바라보며 일해 온 아버지는 종이 상자 하나에 삶을 담아 집으로 돌아왔다. 그때 그가 내게 남긴 말이 아직도 귓가에 선하다.

"세상의 룰이 바뀌었단다. 이제 회사가 너를 지켜주지 않는단다."

그때 사람들은 이 위기를 '일시적 폭풍'쯤으로 여기고, 곧 모든 것이 제자리로 돌아올 거라 믿었다. 그러나 그것은 일시적 폭풍이 아니라 패러다임의 영구적인 전환이었다. 그리고 2025년. 역사는 다르게 반복되고 있다. 이번엔 IMF가 아니라 AI다. 차이점이 있다면, IMF는 경제적 충격이었지만, AI는 인지적 혁명이라는 점이다. 과거에는 육체노동이 기계로 대체되었다면, 이제는 지식노동이 AI로 대체되고 있다. 변호사, 의사, 회계사, 교수 등 전문직조차 예외가 아니다.

"저희 법무팀은 지난달까지 20명이었어요. 그런데 AI 법률 도구를 도입한 뒤 '인력 최적화'라는 이름으로 12명이 나갔습니다."

글로벌 컨퍼런스 현장에서 만난 중견 로펌 관계자의 고백은 더 이상 뉴스거리가 아니다. 실제로 글로벌 200대 기업 중 63%가 이미 AI 도입으로 조직 구조를 재편했고, 금융·의료·법률 분야에서 단순 분석 업무의 70%가 AI로 대체됐다. 이 통계 뒤에는 수만 명의 '전문가'들이 자신의 역할을 재정의해야 했던 아픈 현실이 존재한다.

김 대리 같은 5년 차 직장인들이 느끼는 불안감은 바로 여기서 온다. 그들은 직감적으로 알고 있다. 지금까지의 방식으로는 더 이상 자신의 직업과 일이 안전하지 않다는 것을.

새로운 게임의 법칙: '빌더'의 등장

하지만 이것이 절망적인 것만은 아니다. 변화의 소용돌이 속에서도 살아남았을 뿐만 아니라 오히려 더 큰 성장을 이룬 사람들이 있다. 그들을 나는 '빌더Builder'라고 부른다.

빌더는 단순히 주어진 일을 잘하는 사람이 아니다. 문제를 재정의하고, 시스템을 설계하며, AI와 협업하여 새로운 가치를 창출하는 사람이다. 그들은 '물 경력'을 두려워하지 않는다. 왜냐하면 그들의 가치는 '쌓인 경력'이 아니라 '설계하는 능력'에 있기 때문이다.

비즈니스 기반 소셜 네트워크인 링크드인LinkedIn의 2024년 데이터에 따르면, 시스템 설계 역량을 보유한 전문가의 연봉은 동일 경력의 단순 실행 직군 대비 23배 높았다. 컨설팅 회사 맥킨지McKinsey의 연구는 더욱 극명하다. AI 도입 후 단순 실행 직군의 연봉은 15~20% 하락한 반면, 시스템 설계자와 AI 통합 전문가의 연봉은 30% 이상 상승했다.

내가 가장 값진 통찰을 얻은 순간들은 한 권의 책이나 단일 사건에서 오지 않았다. 세계 곳곳에 흩어진 경험과 데이터를 '설계도'로 엮는 과정에서 탄생했다. 아마존, 필립스, 요기요 같은 글로벌 기업의 인재 채용 전선에서 1,000명 이상의 인재를 인터뷰했고,

스타트업부터 대기업까지 수만 장의 이력서를 분석했으며, AI 협업 데이터와 조직 문화 실험을 15년 넘게 축적했다.

그 여정에서 나는 하나의 공통점을 발견했다. 가장 크게 성장한 사람들은 '직무'가 아니라 '구조'를 다룬다는 것이었다. 그들은 데이터를 읽고, 작게 실험하며, 실패 로그를 자산화하여 다시 설계했다. 반복의 대상이 일이 아니라 시스템이기 때문에, 같은 24시간도 10배 레버리지로 증폭시키고 있었다.

시간이 아닌 설계에 투자하라

2년 전, 유능하고 열정 넘치는 20대 후반의 직장인이 이렇게 물었다.

"저는 매일 12시간씩 일하고, 주말까지 반납하며 회사 일에 매진합니다. 그런데도 왜 성장이 더딘 걸까요? 제가 무엇을 더 해야 할까요?"

이 질문은 나를 깊이 생각하게 만들었다. 그가 부족한 것은 노력이나 시간이 아니었다. 그에게 진정으로 필요한 것은 '설계'였다. 그는 더 열심히 일할 필요가 없었다. 단지 근본적으로 다르게 일할 필요가 있었다. 이 책을 쓰게 된 결정적 계기가 바로 그와의 만남이었다.

"당신의 일하는 방식이 1년 뒤에도 유효할까요?"

이 질문에 대답을 망설인다면, 당신은 이미 AI가 정의한 문제를 풀고 있는 셈이다.

책을 덮을 즈음, 당신은 매일 10분의 자동화가 동료의 40시간을 대체하는 경험을 하고, '왜?'라는 질문 하나로 문제를 뒤집는 시선을 배우게 될 것이다. 또한 당신만의 실험 사이클을 통해 실패를 성장의 연료로 전환하는 기술을 익히게 될 것이다.

사실 완성된 커리어란 없다. 우리는 모두 베타 버전으로 살아갈 뿐이다. 중요한 것은 베타의 상태를 방치하느냐, 매일 1%씩 구조를 개선하느냐의 선택뿐이다. 1%의 개선을 365일 이어가면 38배 성장한다는 지수 함수 공식이 이 책의 마지막 장에 다시 등장할 것이다.

모쪼록 AI가 당신을 설계하기 전에, 당신이 시스템을 설계하라. 빌더의 여정은 지금부터 시작이다. 당신은 도구를 사용하는 사람이 될 것인가, 아니면 도구에 사용당하는 사람이 될 것인가?

선택은 당신 몫이다.

1장

빌더의 시대,
새로운 주체의 등장

1. AI시대, 왜 '빌더'가 주목받는가?

전국 취업특강장에서 만난 지친 얼굴들

서문에 다뤘던 김 대리의 이야기는 특별한 것이 아니다. 지난 2년간 전국의 취업특강장을 다니며 만난 수백 명의 사람들이 보여준 공통점이기도 하다.

부산의 한 구직센터에서 만난 6년 차 마케터 박 씨는 이렇게 말했다.

"매일 콘텐츠 만들고, 광고 집행하고, 성과 보고하는 일을 반복하고 있어요. 그런데 이제 AI가 카피라이팅도 하고, 타기팅도 알아서 최적화해주잖아요. 제가 하는 일이 언제까지 필요할지 모르겠어요."

대구의 한 스타트업에서 개발자로 일하는 이 씨는 더 절박했다.

"코딩 실력으로는 인도나 베트남 개발자들과 경쟁이 안 돼요. 게다가 기본적인 코드는 ChatGPT가 다 짜줘요. 저는 도대체 뭘로 차별화해야 할까요?"

서울 강남의 한 금융회사에서 일하는 정 씨는 한숨을 쉬며 털어놓았다.

"우리 부서에 RPA 로봇 프로세스 자동화를 도입한다고 해요. 제가 하던 데이터 입력이나 보고서 작성 업무의 80%가 자동화될 예정이래요. 살아남으려면 뭘 해야 할지 막막해요."

이들의 공통점은 명확했다. 열심히 했고, 취업도 했는데, 다시 새로운 길을 찾고 있는 사람들이었다. 토요일, 4시간 동안 이어지는 특강을 듣는 그들의 눈빛에서 나는 같은 질문을 읽을 수 있었다.

"내가 지금 잘하고 있는 건가?"
"이대로 계속 가도 되는 건가?"
"5년 후, 10년 후에도 이 일을 할 수 있을까?"

당신만의 문제가 아닌 전 세계적 현상이다

이런 불안감은 한국만의 문제가 아니다. 세계경제포럼 WEF의 2024년 보고서에 따르면, 현재 초등학생의 75%가 지금은 존재하지 않는 직업을 미래에 갖게 될 것이라고 전망했다. 10년 전 유튜브 크리에이터라는 직업이 존재했는가? 없었다. 그럼 크리에이터가 되기 위해 미리 준비할 수 있었는가? 불가능했다.

이처럼 지금 우리는 '존재하지도 않는 직업'을 '만들어 가야 하는'

시점에 와 있다. 이는 기존의 커리어 설계 방식으로는 해결할 수 없는 근본적인 변화다.

그러나 절망적인 것만은 아니다. 변화의 소용돌이 속에서도 살아남았을 뿐만 아니라 오히려 더 큰 성장을 이룬 사람들이 있다. 그들의 공통점은 무엇일까?

금융권에서는 퀀트 투자자 10명 중 7명이 AI 예측 모델에 자리를 내주고 있다. 살아남은 3명은 모두 '투자 철학 설계자'로 변신했다. 개발자 시장에서는 임금이 1/5밖에 안 되는 베트남, 인도 개발자가 AI 협업 도구와 결합하며 생존의 위협을 가속화하고 있다. 이로 인해 코드 작성자는 사라지고, 시스템 설계자만 남았다.

법률·의료 분야에서는 GPT-4 기반 시스템이 계약 검토, 진단 보조 업무의 70%를 처리 중이다. 법리 해석과 환자 경험 설계에 집중하는 전문가들만 그 가치를 인정받고 있다.

이러한 변화는 단순한 기술 진보가 아니다. 직업의 DNA가 재편되는 생물학적 진화다. 그리고 모든 진화와 마찬가지로, 적응하지 못하는 종은 안타깝지만 도태한다.

빌더, 커리어 설계의 새로운 패러다임

당신은 어쩌면 빌더에 대해 들어보지 못했을 수도 있다. 혹은 단순히 '무언가를 만드는 사람'이라고 생각할지도 모른다. 하지만 오늘날의 비즈니스 세계에서 빌더는 그 이상이다.

빌더는 단순한 '직함'이 아닌 근본적인 '마인드 세트'이다. 불확실성과 변화를 두려워하지 않고, 오히려 그 속에서 기회를 찾는 사람이다. 남들이 불평하는 상황에서 가능성을 발견하고, 문제의 근본 원인을 파고들어 창의적인 해결책을 만들어내는 사람이다.

무엇보다 빌더는 자신의 커리어를 수동적으로 '관리'하지 않는다. 그들은 능동적으로 '설계'한다. 시장 변화에 떠밀려 다니는 것이 아니라, 변화의 흐름을 읽고 자신만의 가치 창출 시스템을 구축한다.

아마존 CEO 앤디 재시의 "우리는 모두 빌더입니다"라는 선언은 단순한 기업 슬로건이 아닌, 새로운 시대의 인재상을 상징한다. 아마존은 이를 실천으로 옮겨, 즉 전 구성원에게 '시스템 재설계 권한'을 부여해 AI 기반의 공급망 비용을 30% 절감하고, 4배 빠른 성장을 이뤄냈다.

빌더의 5가지 핵심 요소

빌더는 단순히 '열심히 일하는 사람' 또는 '혁신적인 사람'으로 정의할 수 없다. 커리어 관점에서 빌더는 다음과 같이 구체적인 5가지 요소로 정의한다.

① 문제 재정의자 Why-Shaper: 커리어 방향성의 설계자

빌더는 표면적 증상이 아닌 근본 질문으로 돌아가 '왜Why'라는 질문을 통해 문제의 프레임 자체를 바꾼다. 한 마케팅 전문가는 '어떻게 더 많은 고객을 유치할까?'가 아니라 '왜 고객들이 우리를 선택해야 하는가?'라는 질문으로 전체 브랜드 전략을 재고했다. 그 결과, 단순한 마케터에서 브랜드 전략 총괄로 커리어가 전환되었다.

② 구조 설계자 System Architect: 가치 창출 시스템의 구축자

빌더는 개별 업무가 아닌 전체 시스템을 설계한다. 사람, 프로세스, 데이터, 기술을 유기적으로 연결해 새로운 가치 흐름을 만든다. AI 시대에 특히 빌더가 중요한 이유는, AI가 개별 업무는 대체할 수 있지만, 시스템 전체를 설계하는 능력은 대체할 수 없기 때문이다.

③ 데이터·직관 하이브리드 Data-Intuition Alchemist: 통찰력 기반 의사결정자

빌더는 데이터 분석과 인간적 직관을 결합하는 연금술사다. 숫자와 계량적 분석만으로는 파악할 수 없는 인간의 욕망, 감정, 문화적 맥락을 이해하고, 이를 데이터와 통합한다. 이는 AI가 쉽게 대체할 수 없는 고유한 경쟁력이다.

④ 반복 실험가 Iterative Executor: 지속적 성장의 엔진

빌더는 완벽한 계획을 기다리기보다 빠르게 시작하고, 실패를 두려워하지 않으며, 실행-피드백-개선의 사이클을 지속적으로 반복한다. 이는 변화가 빠른 시대에 커리어를 지속적으로 발전시키는 핵심 능력이다.

⑤ **생태계 설계자** Ecosystem Builder: **네트워크 가치의 창조자**
빌더는 자신만의 성과를 넘어, 다른 사람들도 함께 성장할 수 있는 생태계를 구축한다. 이는 단순한 팀워크나 협업을 넘어, 모든 참여자가 자발적으로 기여하고 혜택을 얻는 열린 플랫폼을 설계하는 것을 뜻한다. 이런 생태계 구축 능력은 장기적인 커리어 성공의 핵심이라고 할 수 있다.

AI 시대는 빌더에게 위기가 아닌 기회다. AI가 단순 업무를 대체할수록, 시스템을 설계하고 AI에게 무엇을 해결해야 할지 지시하는 빌더의 역할은 중요해진다. 법률, 의학, 금융 등 전문 분야도 '정보 처리자'에서 '경험 설계자'로 업무 방향이 전환되고 있다. AI 진단 시스템 도입 후 영상 판독 시간이 70% 줄어든 대신, 환자 상담과 AI 판단 검증에 더 집중하게 된 의사가 이를 잘 보여준다.

빌더, 커리어는 게임이 아니라 설계다

커리어 전략의 무게 중심이 이동했다. 더 높이 가기보다 더 깊게 설계해야 살아남는 시대다. 〈데블스 플랜〉이나 〈지니어스〉 같은 서바이벌 게임의 승자들을 생각해보라. 2025년 5월 핫했던 〈데블스 플랜2〉에서 빌더의 캐릭터에 가까운 사람은 '세븐하이' 같은 인물이다. 단순히 주어진 룰을 잘 따르는 사람이 아니라, 판을 뒤집어 설계하려는 사람 말이다.

판을 흔들기 위해서는 아이러니하게도 룰을 더 깊이 이해하고 응용할 수 있어야 한다. 결승전 직전 1등에서 3등까지 정해진 것 같던 판에 돌을 던져 킹메이커 역할을 한 세븐하이 출연자의 전략처럼, 빌더는 기존 게임을 재정의할 수 있는 사람이다.

글로벌 200대 기업 중 63%가 AI 도입으로 조직 구조를 재편 중이다. 앞으로 단순 업무의 65%는 AI로 대체되겠지만, 시스템 설계 관련 일자리는 27% 증가할 전망이다. 이것이 바로 빌더가 단순한 트렌드가 아닌 생존 전략이라는 것을 보여준다.

2. 단순 실행자에서 설계자로의 전환

미스터리: 한 해 동안 30%가 떠난 회사

2023년 12월, 서울 여의도의 한 대기업 인사팀은 충격적인 보고서를 받았다. 이 회사의 이직률이 전년 대비 300% 급증한 것이다. 특히 5년 이상 경력자들의 이탈이 심각했다. 인사 담당 이사는 고개를 갸우뚱했다. 연봉은 업계 평균보다 높았고, 복지도 나쁘지 않았다. 코로나19도 끝났고, 경기도 회복세였다. 그런데 왜 직원들은 떠난 걸까?

더 이상한 건 떠나는 사람들의 패턴이었다. 모두 "회사에 문제가 있어서가 아니라, 제가 더 이상 성장할 수 없을 것 같아서"라고 말했다. 성장? 회사는 매년 교육비를 늘리고, 자격증 취득을 지원하고, 해외연수 기회도 제공했는데? 인사팀은 이 미스터리를 풀기 위해 심층 조사에 착수했다.

단서1: 두 명의 서로 다른 선택

같은 회사, 같은 부서, 같은 시기에 입사한 김 대리와 박 대리. 둘은 모두 성실하고 능력 있는 직원이었다. 하지만 2023년 말, 이들의 운명은 완전히 갈렸다. 김 대리는 이직 준비를 하고 있었고, 박 대리는 승진 제안을 받았다.

2023년 10월, 평범한 화요일 오전 9시. 김 대리가 이메일함을 열었다. "○○ 보고서 검토 부탁드립니다", "△△ 자료 정리해서 오늘까지 보내주세요", "□□ 회의 준비해 주세요" 등 밤새 쌓인 메일이 47개였다. 성실했던 김 대리는 모든 요청에 빠르고 정확하게 응답했다. 점심 시간도 거르고 일했다. 오후 6시, 드디어 모든 메일을 처리했다. "오늘도 열심히 했다"고 스스로를 다독였지만 뭔가 허무했다. 내일 또 비슷한 메일이 올 것이고, 똑같은 일을 반복할 것이기 때문이었다.

같은 날 오전 9시. 박 대리도 이메일함을 열었다. 역시 47개의 메일이 있었다. 하지만 그의 반응은 달랐다. "또 같은 요청들이네?"라고 투덜대던 중 박 대리는 일정한 패턴을 발견했다. 47개 메일 중 30개가 보고서 양식 문의, 데이터 요청, 회의 일정 조율 등 비슷한 유형의 요청이었다. '이걸 매번 개별적으로 처리할 필요가 있을까?'라고 생각한 박 대리는 업무를 메일 처리부터 시작하지 않았다. 대신 30분간 이 문제를 분석했다. 그리고 해결책을 설계했다. 표준 보고서 템플릿을 만들어 공유 폴더에 올리고, 자주 요청하는 데이터는 실시간 대시보드로 만들고, 회의 일정은 자동화 툴로 조율하기로 했다.

1주일 후 차이는 극명해졌다. 김 대리는 여전히 하루에 47개의 비슷한 메일을 처리하며 점심 시간 없는 하루를 보내고 있었다. '열심히 했는데 왜 인정받지 못하지?' 하는 좌절감이 쌓여갔다. 반면 박 대리에게 오는 메일은 47개에서 12개로 감소했다. 절약한 시간에 새로운 프로젝트를 기획하며 '이제 진짜 가치 있는 일을 하는 것 같다'는 만족감을 느꼈다.

단서2: 위기가 찾아왔을 때

2023년 11월, 회사에 큰 위기가 찾아왔다. 주요 고객사가 계약을 해지하겠다고 통보한 것이다. 이유는 '서비스 품질 저하'. 긴급 태스크포스가 구성되었고, 김 대리와 박 대리 모두 포함되었다. 이때 둘의 차이가 다음과 같이 더욱 명확하게 드러났다.

김 대리는 위기감을 느꼈다. 그는 더 열심히 일하기로 했다. 매일 야근해서 고객 응대를 하고, 주말에도 출근해서 보고서를 작성했다. 고객이 요청하는 모든 자료도 완벽하게 준비했다. 3주간 하루 12시간씩 일했다. 몸은 지쳤지만 "이 정도면 고객이 만족할 거야"라고 생각하며 스스로 위안을 찾았다.

반면에 박 대리는 '왜 고객이 불만을 가질까? 우리가 제공하는 서비스의 어떤 부분에 문제가 있을까?'라는 질문을 던졌다. 그는

3일간 고객의 불만 사항을 분석했다. 그리고 해법을 발견했다. 문제는 서비스의 품질 자체가 아니라 '예측 불가능성'이었다. 고객은 같은 요청을 해도 매번 다른 담당자, 다른 프로세스, 다른 결과를 경험했다. 진짜 문제는 '일관성 없는 서비스 시스템'이었다.

박 대리는 해결책을 설계했다. 고객 요청 처리 프로세스를 표준화하고, 담당자별 역할과 권한을 명확히 하며, 고객과의 모든 접점에서 일관된 경험을 제공하는 시스템을 만들었다.

3주 후, 결과는 극명하게 갈렸다. 김 대리팀에 대한 고객의 반응은 "열심히 하는 건 알겠는데, 여전히 혼란스럽다"였다. 계약 해지 의사는 변함없었고, 김 대리는 번아웃 직전이었다. 반면 박 대리팀에 대한 고객의 평가는 "이제야 제대로 된 서비스를 받는 것 같다"였다. 계약 연장 및 추가 계약 논의가 시작되었고, 박 대리는 다른 고객사에도 같은 시스템을 적용해보자고 제안했다.

단서3: 6개월 후 운명의 갈림길

2024년 3월, 인사 발표가 있었다. 박 대리는 과장으로 승진했다. 새로 신설된 '고객 경험 혁신팀'의 리더로도 발탁되었다. 연봉도 30% 인상되었다.

김 대리는 승진에서 누락되었다. 인사팀장과의 면담에서 들은 말은 이랬다.

"김 대리는 정말 성실하고 책임감도 강해요. 하지만 조금 더 전략적인 사고가 필요할 것 같아요. 주어진 일을 잘하는 것도 중요하지만, 새로운 방식을 제안하고 시스템을 개선하는 능력도 보여주었으면 좋겠어요."

김 대리는 충격을 받았다. '나는 박 대리보다 더 열심히 일했는데?'라는 생각이 머릿속에 번뜩했다. 하지만 곰곰 생각해보니 차이가 느껴졌다. 자신은 늘 '어떻게 더 잘할까?'를 고민했지만, 박 대리는 '왜 이렇게 해야 할까?', '다른 방법은 없을까?'를 고민했다. 자신은 주어진 문제를 해결했지만, 박 대리는 문제 자체를 재정의했다.

그날 밤, 김 대리는 오랫동안 생각에 잠겼다. 박 대리와 자신의 차이는 근면성이나 능력에 있는 것이 아니었다. 그것은 접근 방식의 차이였다. 김 대리는 '실행자'였고, 박 대리는 '설계자'였다.

미스터리 해결의 진짜 원인은 '성장 방식'의 차이

이제 앞에서 소개한 인사팀의 미스터리가 풀렸다. 30%의 직원이 떠난 이유는 연봉이나 복지 때문이 아니었다. '성장 방식'의 차이 때문이었다. 회사가 제공하는 전통적인 성장 지원, 가령 교육, 자격증, 해외 연수 등은 모두 '더 잘하기' 위한 것들이었다. 하지만 AI 시대에 진정한 경쟁력은 '다르게 하기'에서 나왔다.

회사를 떠난 직원들은 모두 김 대리와 비슷한 유형이었다. 성실하고 책임감 강한 '실행자'들이었다. 하지만 그들은 이내 깨달았다. 아무리 열심히 해도 AI가 더 빠르고 정확하게 할 수 있는 일들이라는 것을. 자신들의 가치가 점점 줄어든다는 것을. 그래서 '시스템을 설계하는 능력'을 인정받을 수 있는 곳을 찾아 떠났던 것이다.

남은 직원들 중에서 승진하고 성장한 사람들은 모두 박 대리와 비슷한 유형이었다. 문제를 재정의하고, 시스템을 설계하며, AI와 협업할 수 있는 '빌더'들 뿐이었다.

패러다임의 전환: 2018년 vs 2023년

이러한 변화는 하루아침에 일어난 것이 아니다. 2018년 한 대기업 임원은 신입 사원들에게 "일만 잘하면 됩니다. 선배들 하는 것만 잘 보고 따라하세요"라고 말했다. 하지만 5년 후인 2023년, 같은 회사의 다른 임원은 신입 사원들에게 완전히 다른 메시지를 전했다.

"우리가 일하는 방식 자체를 바꿀 생각을 해야 합니다. 선배들이 하는 방식이 항상 옳은 것은 아닙니다."

이 차이는 우연이 아니다. 그 5년 사이 이 회사는 생존을 위한 근본적인 변화를 겪었다. 2019년에는 주력 사업부가 중국산 제품과의 가격 경쟁에서 밀리기 시작했고, 2020년에 코로나19로 비대면 서비스 수요가 폭증했지만 준비가 되어 있지 않았다. 2021년에는 AI와 자동화 도입이 급속도로 진행되면서 기존의 업무 방식으로는 경쟁력을 유지하기가 어려워졌다.

결정적 전환점은 2022년이었다. 신임 CEO는 부임하면서 전사적인 '디지털 트랜스포메이션'을 선언했다. 하지만 기존 직원들은 변화에 적응하지 못했다. '시키는 일만 하는' 데 익숙했던 그들에게 "스스로 문제를 발견하고 해결하라"는 요구는 너무 큰 부담이었다.

그 결과, 2022년 한 해 동안 30% 가까운 직원들이 퇴사했다. 회사는 깨달았다. 단순히 AI 도구를 도입하는 것만으로는 안 된다는 것을. 사람들의 사고방식 자체가 바뀌어야 한다는 것을.

새로운 시대의 인재상, 빌더의 등장

김 대리와 박 대리의 이야기는 개인의 성공담이 아니다. 그것은 시대적 변화의 축소판이다. 과거의 성공 공식은 명확했다. 열심히 일하고, 주어진 역할을 충실히 수행하며, 전문성을 쌓아가는 것이었다. 하지만 이제 이 공식은 더 이상 유효하지 않다.

4차 산업혁명과 AI의 급속한 발전으로 단순 실행은 점점 자동화되고 있다. 진정한 가치는 '무엇을 해야 하는가?'를 정의하는 능력, 즉 설계 능력에서 나온다. 김 대리 같은 '실행자'는 주어진 문제를 효율적으로 해결하는 데 탁월하다. 하지만 박 대리 같은 '빌더'는 문제 자체를 재정의하고, 시스템을 설계하며, 근본적인 해결책을 만들어낸다.

이제 우리는 선택의 기로에 서 있다. 김 대리처럼 더 열심히 일할 것인가, 아니면 박 대리처럼 더 다르게 일할 것인가? 주어진 게임 룰을 완벽하게 따를 것인가, 아니면 게임 자체를 재설계할 것인가?

구글의 래리 페이지는 "10배 더 나은 무언가를 만들려면, 문제를 10% 개선하는 것이 아니라 처음부터 다시 생각해야 한다"고 말했다. 이처럼 빌더는 점진적 개선이 아닌 근본적 재설계를 추구한다. 단순 실행자에서 설계자로의 전환은 더 이상 선택이 아니다. 그것은 AI 시대를 살아가는 우리 모두의 생존 전략이다.

김 대리는 그날 밤 깨달았다. 자신도 변할 수 있다는 것을. 실행자에서 빌더로 성장할 수 있다는 것을. 그리고 그 변화는 더 열심히 하는 것이 아니라, 더 다르게 생각하는 것에서 시작된다는 것을. 이로써 미스터리는 해결되었다. 이제 그는 새로운 여정을 시작할 차례가 되었다.

3. 빌더 vs 기존 직무의 근본적 차이

시애틀 매니저에게서 받은 충격적인 질문

2019년 3월, 아마존 코리아 사무실. 나는 답답함에 휩싸여 있었다. 아마존 코리아에서 일한 지 8개월, 매일 바쁘게 일하고 있었지만, 뭔가 방향을 잡지 못하는 느낌이었다. 주어진 업무는 잘해내고 있었지만, 진정한 임팩트를 만들고 있다는 확신이 들지 않았다.

그래서 나는 용기를 내서 시애틀 본사의 한 시니어 매니저에게 연락을 취했다. 10년간 아마존에서 일하며 여러 혁신 프로젝트를 이끈 그녀와 2주간의 시차 조율 끝에 미팅을 잡았다. 줌(Zoom) 화면 너머로 보이는 그녀는 여느 아마존 직원처럼 후드티를 입고 있었지만, 눈빛은 예리했다.

"안녕, 만나서 반가워. 그런데 시작하기 전에 하나만 물어볼게."

나는 긴장했다. 조언을 구하러 온 미팅인데 오히려 질문을 받게 될 줄은 몰랐다.

"네가 이해하고 있는 너의 역할이 뭐야?"

그 질문을 나는 지금도 잊을 수 없다. 단순해 보이는 질문이었지만, 순간 나는 당황했다. 내 역할? 물론 알고 있다고 생각했다. 커리어 프로그램 매니저니까 프로그램을 기획하고 실행하는 것이지 않겠는가. 하지만 그녀의 질문에는 더 깊은 의미가 담겨 있었다.

"음, 리더십 프로그램을 기획하고 실행하는 거죠. KPI를 달성하고, 회사의 브랜드 인지도를 높이고…."

그녀는 고개를 저었다.

"그건 네가 '하는 일'이야. 내가 묻는 건 네 '역할'이야. 아마존에서 너의 존재 이유는 뭐라고 생각해?"

그 순간 나는 깨달았다. 나는 그동안 '프로그램 매니저'라는 직함에 갇혀 있었음을. 프로그램을 잘 만들고, 지표를 잘 관리하는 것에만 집중했다는 것을. 그녀가 던진 질문의 진정한 의미는 달랐다. '너는 왜 여기 있는가?', '네가 만들어야 할 진짜 가치는 무엇인가?'라고 묻고 있었다.

미스터리: 같은 팀, 다른 결과

그 대화 이후 나는 주변을 다시 관찰하기 시작했다. 그리고 흥미로운 패턴을 발견했다. 같은 회사, 비슷한 스펙의 사람들이 일하는데 어떤 프로젝트는 혁신을 만들고, 어떤 팀은 제자리걸음을 반복한다는 것을. 어떤 사람은 빠르게 성장하고, 어떤 사람은 몇 년째 같은 일만 반복한다는 것을. 도대체 무엇이 이들의 커리어와 성과를 갈랐을까?

서울의 한 IT 기업에 같은 날 입사한 두 개발자가 있었다. A씨와 B씨 모두 컴퓨터공학과를 졸업했고, 비슷한 성적으로 입사했다. 하지만 5년 후, 이 둘의 운명은 완전히 갈렸다.

A씨는 성실했지만, 여전히 주니어 개발자였다. 매일 아침 9시에 출근해서 주어진 명세대로 코드를 짰다. 새로운 기술도 꾸준히 익혔다. 자바Java, 파이썬Python, 리액트React를 익혔고, 최근에는 AI 관련 라이브러리도 공부했다. 프로젝트가 끝나면 늘 '다음 일'이 기다리고 있었다. 그의 하루는 예측이 가능했다. 5년 동안 오늘 할 일을 받아 코드를 짜고, 테스트하고, 커밋을 하며 일했다. 그는 "저는 개발자예요"라고 자신을 소개했다.

B씨는 달랐다. 그도 같은 업무를 받았지만, "이 기능이 정말 고객에게 필요한가?"라고 다른 질문을 던졌다. 처음에는 동료들이 이상하게 생각했다. 주어진 스펙대로 만들면 되는데 왜 굳이 그런 걸 물어보냐고 했다. 하지만 그는 계속 물었다. 고객이 실제로 이 기능을 어떻게 사용하는지, 왜 이런 플로우로 설계되었는지, 더 나은 방법은 없는지.

6개월 후, B씨는 기존 사용자 인터페이스에서 근본적인 문제를 발견했다. 고객들이 원하는 기능과 실제 제공하는 기능 사이에 큰 괴리가 있었던 것이다. 그는 프로젝트 매니저PM: Project Manager에게 "이 부분을 이렇게 바꾸면 사용자 경험이 크게 개선될 것 같은데요"라고 제안했다. 처음에는 "개발자가 기획까지 하려고 하네"라는 시선도 있었다. 하지만 B씨의 제안을 적용한 결과, 사용자 만족도가 40% 향상되었다.

2년 후, B씨는 제품 개발 전체를 재설계하는 프로젝트를 이끌게 되었다. 그리고 5년 후에는 제품 총괄Head of Product이 되어 연봉이 A씨의 3배가 되었다. B씨는 "저는 시스템을 설계합니다"라고 자신을 소개했다.

글로벌 빌더들의 비밀

B씨의 이야기는 특별한 것이 아니다. 실제로 혁신을 만들어낸 사람들을 유심히 살펴보면 비슷한 패턴이 있다.

스티브 잡스: "나는 엔지니어도, 디자이너도, 마케터도 아니다"

스티브 잡스는 엔지니어도, 디자이너도, 마케터도 아니었다. 그는 코딩을 할 줄도 몰랐고, 디자인 툴을 다룰 줄도 몰랐으며, MBA도 없었다. 하지만 그는 이 모든 요소가 어떻게 결합해야 사용자 경험을 창출할지를 이해하고 있었다.

아이폰 개발 과정에서 그가 집중한 것은 단순히 더 빠른 프로세서나 더 높은 해상도의 화면이 아니었다. 그는 근본적인 질문을 던졌다. "사람들이 어떻게 기술과 상호작용하는가?"라고. 그 질문 하나가 전체 휴대폰 산업을 재편했다.

한 번은 아이폰 디자인 회의에서 엔지니어가 "기술적으로 불가능합니다"라고 말했을 때, 잡스는 이렇게 대답했다고 한다. "기술적으로 불가능하다는 게 아니라, 우리가 아직 방법을 찾지 못한 거겠지"라고. 그는 기술자가 아니었지만, 기술자들이 기술을 어떻게 활용해야 하는지를 설계했다.

이승건: "저는 금융 전문가가 아닙니다"

토스의 CEO 이승건은 금융권 출신이 아니다. 하지만 그는 "왜 금융 서비스는 이렇게 복잡해야 하는가?"라고 질문했다. 그가 집중한 것은 단순한 금융 앱 개발이 아니라, 사용자의 금융 경험 전체를 재설계하는 것이었다.

은행 계좌 개설을 예로 들어보자. 기존 은행들은 '어떻게 하면 계좌 개설 과정에서 실수를 줄일 수 있을까?'를 고민했다. 더 많은 서류를 요구하고, 더 복잡한 인증 절차를 만들었다. 하지만 이승건은 다른 질문을 던졌다. '왜 계좌 개설이 이렇게 복잡해야 하는가?'라고. 그 결과, 은행 계좌 개설 시간을 30분에서 3분으로 단축했다.

그의 접근법의 핵심은 '고객이 모르게 필요했던 것'을 설계하는 것이었다. 고객은 간편한 송금을 원했지만, 그는 전체 금융 라이프사이클을 설계했다.

단서 해석: 빌더의 4가지 관점

이들의 이야기에서 우리는 공통된 패턴을 발견할 수 있다. 이러한 빌더들은 다음과 같이 4가지 독특한 관점을 가지고 있다.

1. 통합적 사고: 경계를 넘나드는 시선

네이버의 한 제품 책임자는 이렇게 말한다.

"기술팀은 기술적 구현에 집중하고, 디자인팀은 UI/UX에 집중합니다. 하지만 제 역할은 이 모든 것이 어떻게 하나의 일관된 경험으로 연결되는지를 설계하는 것입니다."

글로벌 헬스케어 기업 J사의 프로젝트 리더는 더 극단적인 실험을 했다. 의사, 데이터 과학자, 디자이너, 개발자를 한 팀으로 묶어 환자 모니터링 시스템을 재설계한 것이다. 이에 대해 그는 다음과 같이 말했다.

"우리는 각자의 전문성을 발휘하되, 모두가 시스템 전체를 이해하는 빌더가 되어야 했습니다. 의사도 데이터 구조를 이해하고, 개발자도 의료 프로세스를 이해해야 했죠."

처음에는 '의사가 왜 코딩을 배우고, 개발자가 왜 의학 용어를 알아야 하는가?'라며 모두들 혼란스러워 했다. 하지만 6개월 후 결과는 놀라웠다. 의료진의 문서 작업 시간은 현저히 줄어들었고, 환자 모니터링 정확도 역시 눈에 띄게 향상되었다.

2. 문제 재정의: '이게 진짜 문제일까?'

한 교육 스타트업의 창업자는 처음에 '어떻게 하면 더 많은 학생들에게 온라인 강의를 제공할까?'라는 문제를 풀고자 했다. 그래서 6개월간 최고의 강사를 섭외하고, 화질 좋은 영상을 만들고, 다양한 과목을 준비했다. 하지만 수강률은 예상의 절반에 그쳤다.

그때 그는 문제를 다시 정의했다. '진짜 문제는 어떻게 학생들이 주도적으로 학습할 수 있는 환경을 만들까가 아닐까?'라고. 이 관점 전환이 모든 것을 바꿨다. 그 결과, 단순한 온라인 강의 플랫폼이 아닌, AI 기반 개인화 학습 코치 시스템을 개발했다. 학생 개개인의 학습 패턴을 분석해서 맞춤형 학습 경로를 제공하고, 학습 동기를 유지할 수 있는 게임화 요소도 도입했다.

결과는 어땠을까? 학생들의 학습 참여도가 156% 증가했다. 같은 강의 내용이었지만, 문제를 재정의함으로써 완전히 다른 결과를 만들어낸 것이다.

3. 장기적 영향: 10년 후를 설계한다

한 환경 기술 스타트업의 CEO는 투자자들에게 이렇게 말했다.

"우리가 만드는 것은 단순한 폐기물 관리 소프트웨어가 아닙니다. 우리는 순환 경제를 위한 인프라를 구축하고 있습니다."

처음에는 많은 사람들이 이해하지 못했다. 쓰레기 추적 앱 하나 만들면서 왜 이렇게 거창하게 말하느냐고. 하지만 그의 비전은 달랐다. 단순한 쓰레기 추적을 넘어, AI 기반의 자원 최적화 및 재활용 네트워크를 구축하는 것이었다.

3년 후, 그의 시스템은 전국 300개 기업이 사용하는 플랫폼이 되었다. 그 결과, 참여 기업들의 폐기물 처리 비용은 30% 이상 줄었고, 재활용률은 50%가량 증가했다. 무엇보다 중요한 것은, 이 시스템이 전체 산업의 생태계를 바꾸기 시작했다는 점이다.

4. 사용자 중심 설계: 고객의 하루를 설계한다

글로벌 호텔 체인 M사의 디지털 혁신 책임자는 흥미로운 프로젝트를 시작했다.

"우리는 단순히 더 좋은 예약 앱을 만드는 것이 아니라, 여행자의 전체 여정을 재설계하고 있습니다."

기존의 호텔 앱들은 예약, 체크인, 룸 서비스 주문 등 개별 기능에 집중했다. 하지만 그는 다른 접근을 취했다. 고객이 여행을 계획하는 순간부터 집에 돌아간 후까지의 전체 경험을 하나의 여정으로 보고 설계한 것이다.

그들이 개발한 시스템은 예약부터 체크아웃, 그리고 이후 경험까지 통합된 디지털 여행 동반자였다. 고객이 공항에 도착하면 자동으로 호텔 픽업을 안내하고, 체크인 전에 근처 맛집을 추천하며, 체크아웃 후에는 다음 여행 계획까지 도와주는 시스템이었다.

결과는 놀라웠다. 고객 만족도는 60%가량 증가했고, 재방문율 또한 40%가량 높아졌다. 무엇보다 중요한 것은, 호텔이 단순한 '숙박업'에서 '여행 경험 설계업'으로 정체성이 바뀌었다는 점이다.

미스터리의 해결, 직무가 아니라 관점의 차이

앞서 애기한 개발자 A씨와 B씨의 차이가 무엇일까? 능력의 차이? 노력의 차이? 아니다. 그것은 관점의 차이였다.

A씨는 "저는 개발자입니다"라고 말했다. 그는 자신을 직무로 정의했다. 개발자니까 개발하는 게 일이고, 주어진 스펙을 구현하는 게 역할이라고 생각했다. B씨는 "저는 시스템을 설계합니다"라고 말했다. 그는 자신을 접근 방식으로 정의했다. 개발 툴을 사용하지만, 진짜 하는 일은 문제를 해결하는 시스템을 설계하는 것이라고 생각했다.

그렇다면 앞에서 소개한 스티브 잡스, 이승건, 네이버 제품 책임자, 글로벌 헬스케어 팀 리더, 교육 스타트업 창업자, 환경 기술 CEO, 호텔 혁신 책임자. 이들의 공통점은 무엇일까? 그들은 모두 기존 직무의 경계를 넘어선 빌더들이었다는 것이다.

여기서 중요한 것은 빌더가 기존 직무를 대체하는 것이 아니라는 점이다. 뛰어난 개발자, 디자이너, 마케터는 여전히 필요하다. 다만 그들은 빌더적 사고방식을 갖출 때 진정한 혁신이 가능해진다.

글로벌 소프트웨어 기업 A사의 CTO는 이렇게 말한다.

"우리 회사에서 가장 가치 있는 개발자들은 단순히 코드를 잘 짜는 사람들이 아니라, 비즈니스의 문제를 이해하고 그것을 해결하기 위해 전체 시스템을 설계할 수 있는 사람들입니다."

국내 디자인 에이전시의 크리에이티브 디렉터는 더 직설적이다.

"디자이너가 단순히 아름다운 그래픽을 만드는 데 그친다면, 곧 AI에게 자리를 내줄 것입니다. 하지만 사용자의 전체 경험을 설계하고, 브랜드의 DNA를 시각화하는 빌더적 디자이너는 앞으로도 계속 필요할 것입니다."

이들이 말하는 공통점이 있다. 이들은 곧 자기 직무에서는 개발자, 디자이너면서 동시에 빌더라는 것이다.

당신의 선택: 직무인가, 관점인가?

이제 당신에게 묻고 싶다. 시애틀에서 아마존 시니어 매니저가 내게 던진 질문을 당신에게 던진다.

"당신이 이해하고 있는 당신의 역할은 무엇인가?"

만약 당신이 "저는 ○○입니다"라고 답한다면, 당신은 아직 직무에 갇혀 있는 것이다. 하지만 "저는 ○○를 설계합니다"라고 답한다면, 당신은 이미 빌더의 길에 들어선 것이다.

빌더는 특별한 사람이 아니다. 빌더는 특별한 질문을 던지는 사람이다. 그 질문은 간단하다. 다음과 같은 것들이다.

"왜?"
"정말?"
"다른 방법은 없을까?"

당신의 직무가 무엇이든, 오늘부터 이런 질문을 던져보라. 그 질문이 당신의 커리어를, 당신의 가치를, 당신의 미래를 바꿀 것이다.

4. 기존 자기계발의 한계와 설계형 사고

자기계발이 주는 달콤한 함정

7년 차 김 대리의 자기계발 지옥

'올해는 진짜 달라질 거야.'

2025년 1월 2일, 새해 첫 출근. 32세로 직장 7년 차인 김 대리는 지하철에서 스마트폰으로 '업무 자동화 강의'를 검색하고 있었다. 어젯밤 회사 신년회에서 또 한 번 뒤통수를 맞았기 때문이다.

"음, 김 대리는… 뭐랄까, 성실하긴 한데…."

부장의 말이 귓가에 맴돌았다. 동기 박 과장이 승진하는 걸 지켜보며 씁쓸했다. 7년째 같은 자리, 같은 업무, 같은 야근.

'그래. 엑셀 매크로와 파이썬, 이거다!'

그날 밤, 김 대리는 거실 테이블에 노트북을 펼치고 야심 찬 올해 계획을 세웠다.

1분기: 엑셀 매크로 마스터

2분기: 파이썬 기초 완성

3분기: 데이터 분석 자격증

4분기: 업무 자동화로 야근 제로

첫 번째 함정: 매크로의 달콤한 속임수

3월, 김 대리는 엑셀 매크로에 빠져 있었다.

'와, 이거 진짜 신기하네.'

클릭 한 번으로 월말 정산이 자동으로 돌아가는 걸 보며 감탄했다. 옆에서 동료들도 신기한 듯 들여다보며 말했다.

"김 대리, 완전 프로그래머 다 됐네!"

기분이 좋았다. 퇴근길에 맥주 한 캔을 사는데 뿌듯했다.

하지만 한 달 후, 이상한 일이 일어났다. 여전히 야근을 하고 있었다. 매크로로 30분을 절약한 건 맞는데, 다른 일들은 그대로였다.

'뭔가 이상한데?'

두 번째 함정: 파이썬 공부의 늪

'매크로만으론 한계가 있구나. 파이썬을 배워야겠어.'

6월부터 김 대리는 파이썬에 매달렸다. 퇴근 후 스터디 카페, 주말 온라인 강의, 새벽 코딩 연습을 이어갔다.

```python
import pandas as pd
df = pd.read_excel('재무데이터.xlsx')
```

'오, 이제 진짜 개발자 같은데?'

코드가 돌아가는 걸 보며 희열을 느꼈다. SNS에 '#파이썬공부', '#데이터분석'이라는 해시태그도 달았다. 하지만 9월이 되자 또 다른 문제가 생겼다. 파이썬으로 데이터를 불러오는 건 할 줄 알겠는데, 정작 '왜 이 데이터가 필요한지'는 모르겠다는 거였다.

'이 숫자들이 뭘 말하는 거지?'

세 번째 함정: 자격증 컬렉터의 탄생

'아직 실력이 부족한가 봐. 더 체계적으로 배워야겠어.'

2024년 초, 김 대리는 빅데이터 분석기사, AWS 클라우드 자격증, 구글 데이터 애널리틱스 자격증 등 각종 자격증 사냥에 나섰다.

매일 새벽 5시에 일어나 공부했다. 점심 시간에도 문제집을 펼쳤다. 3월에 드디어 빅데이터 분석기사 자격증을 땄다. 5월에는 AWS 자격증도 통과했고, 7월에는 구글 자격증까지 획득했다.

링크드인 프로필이 화려해졌다. 자격증 인증샷도 SNS에 올렸다.

절망의 8월

'이상해. 진짜 이상해.'

8월의 어느 야근 날 밤. 김 대리는 모니터를 멍하니 바라보고 있었다. 1년 반 동안 이렇게 열심히 공부했는데, 업무는 전혀 달라지지 않았다. 여전히 매월 말이면 야근하고, 똑같은 보고서를 만들고, 승진과는 거리가 멀었다.

'내가… 내가 뭘 잘못한 거지?'

책상 위에 놓인 자격증들을 바라봤다.

'많이 공부하고 배웠는데, 왜 아무것도 달라지지 않은 걸까?'

이때 동료 이 과장이 지나가며 말했다.

"김 대리, 또 야근이야? 그렇게 공부 많이 했는데 아직도?"

가슴이 철렁했다.

전환점: 질문을 바꾸다

그날 밤, 집에 돌아온 김 대리는 잠이 오지 않았다. 거실 소파에 앉아 지난 1년 반을 되돌아봤다. 그러자 이렇게 머릿속이 정리되었다.

> 엑셀 매크로: 분명히 배웠다. 하지만 왜 그 작업이 필요한지 생각해본 적이 없다.

> 파이썬: 코드는 짤 줄 안다. 하지만 어떤 문제를 해결하려는 건지 모르겠다.
> 자격증: 많이 땄다. 하지만 실제 업무와 어떻게 연결되는지는 여전히 감이 안 온다.

'아…'

그는 마침내 깨달았다. 자신은 1년 반 동안 '도구'만 모으고 있었던 것이다. 드라이버, 망치, 렌치 등을 '사 모으기만' 하고, 정작 '뭘 만들려는지' 생각해보지 않은 것과 같았다. 더 심각한 건, 자신이 줄곧 잘못된 질문을 하고 있었다는 거였다.

> - 엑셀 매크로를 어떻게 만들지?(X)
> - 파이썬을 어떻게 배우지?(X)
> - 어떤 자격증을 따지?(X)

정작 해야 할 질문은 이거였다.

> - 왜 매월 말 야근을 해야 하지?(○)
> - 우리 부서의 업무 흐름에서 진짜 문제는 뭐지?(○)
> - 어떤 시스템이 있으면 더 나은 결과를 낼 수 있을까?(○)

다음 날 출근길에 김 대리는 다른 관점으로 회사를 바라봤다.

'우리는 왜 매달 이렇게 고생하지?'

그는 월말 보고서를 만드는 과정을 자세히 뜯어봤다. 데이터를 5개 다른 시스템에서 가져와서, 3번의 수작업 검토를 거쳐, 7명이 확인하고, 최종적으로 하나의 보고서가 나왔다.

'이거 시스템이 잘못된 거 아냐?'

그는 전체 프로세스를 화이트보드에 그려봤다. 놀라운 사실을 발견할 수 있었다. 실제 '가치 있는 일'은 전체의 20%밖에 안 됐고, 나머지 80%는 단순 반복, 대기 시간, 불필요한 검토였다.

'내가 지금까지 20%를 자동화하려고 했구나. 진짜 문제는 80%에 있는데.'

설계자로의 변신

그래서 김 대리는 접근법을 완전히 바꿨다. 파이썬 공부를 멈췄다. 그 대신 '우리 부서의 재무 보고 시스템을 어떻게 재설계할 수 있을까?'를 질문했다.

그러자 6개월 후, 놀라운 일이 일어났다. 부서의 월말 야근이 사라졌다. 보고서 작성 시간도 65% 줄었다. 더 중요한 건, 이제 단순 보고서가 아니라 '전략적 인사이트'를 제공하게 되었다는 점이었다.

그러자 경영진이 김 대리를 찾기 시작했다.

"김 대리가 만든 이 리포트 정말 유용하네요. 이런 관점은 어떻게 생각해낸 거죠?"

1년 후, 김 대리는 승진했다. 새로운 직책은 '비즈니스 애널리틱스 매니저'였다.

그는 후배들에게 이렇게 말했다.

"저는 이제 도구를 배우는 사람이 아니라, 시스템을 설계하는 사람입니다."

기존 자기계발의 치명적 함정

앞에서 본 김 대리의 1년 반은 기존 자기계발의 한계를 적나라하게 보여준다. 그것을 간단하게 요약하면 다음과 같다.

> **함정1. 도구 중독:** '이 도구만 배우면 모든 게 해결될 거야'라는 착각. 하지만 도구는 수단일 뿐, 목적이 아니다.
>
> **함정2. 조각난 지식:** 개별 기술들을 배우지만, 그것들이 어떻게 연결되어 전체적인 가치를 만드는지 모른다.
>
> **함정3. 잘못된 질문:** '어떻게 더 잘할까?'만 묻고, '왜 이렇게 해야 하나?', '다른 방법은 없나?'는 묻지 않는다.
>
> **함정4. 자격증 맹신:** 자격증과 수료증이 쌓일수록 실력이 늘었다고 착각한다. 하지만 실제 현장에서는 별 도움이 안 된다.

AI 시대에 이런 접근법은 더욱 위험하다. 도구 사용이나 단순 지식 활용은 AI가 더 잘하기 때문이다. 따라서 이제는 '빌더'가 되어야 한다. 도구를 쓰는 사람이 아니라, 시스템을 설계하는 사람 말이다.

당신도 혹시 김 대리와 같은 함정에 빠져 있지는 않는가?

5. 시스템을 설계하는 사람이 판을 바꾼다

설계가 바꾸는 미래

아마존 신입 사원의 첫날

2013년 시애틀, 아마존 본사.

"제가 시스템을 설계한다고요?"

첫 출근한 신입 사원 마크는 당황했다. 보통 회사들처럼 업무 매뉴얼을 외우고, 선배들의 일하는 방식을 따라 배우는 줄 알았는데, 매니저가 던진 과제는 달랐다.

"회사 시스템을 어떻게 바꿀 수 있을지 고민해 보세요."

"아직 업무도 제대로 모르는 제가 시스템을 설계할 수 있나요?"

매니저가 웃으며 답했다.

"그걸 알아가는 과정이 아마존의 첫 교육입니다."

이게 아마존이다. 아마존은 단순히 일 잘하는 사람을 원하지 않는다. 시스템을 이해하고 재설계할 수 있는 사람, 즉 '빌더'를 원한다.

채용부터 승진까지, 모든 판단이 이 설계 능력을 중심으로 이루어진다. 10년 후, 그 신입 사원은 아마존의 핵심 리더가 되어 있었다.

젭토와 당근마켓 성공의 비밀

인도 뭄바이의 한 아파트.

"진짜 10분 만에 올까?"

대학생 라지가 스마트폰으로 식료품을 주문했다. '젭토Zepto'라는 앱이었다. 정말로 9분 47초 만에 배달이 문 앞에 도착했다.

"이게 어떻게 가능하지?"

비밀은 단순히 더 빠른 배달부를 고용한 게 아니었다. '젭토'는 완전히 다른 접근을 했다. 기존 배달 업체들이 '어떻게 더 빨리 배달할까?'를 고민했다면, '젭토'는 '왜 배달이 느릴 수밖에 없는가?'부터 질문했다. 답은 명확했다. 중앙 창고에서 멀리 떨어진 고객에게 배달하기 때문이었다.

그래서 그들은 '마이크로 물류 허브'를 설계했다. 동네마다 작은 창고를 두고, AI가 각 지역별 수요를 예측해 필요한 상품을 미리 배치해 두는 시스템이었다. 결과는 어땠을까? 설립 2년 만에 10억 달러의 가치를 지닌 기업이 되었다.

같은 시기, 한국에서도 흥미로운 일이 벌어지고 있었다. 글로벌 거대 플랫폼 이베이는 '어떻게 하면 전 세계 어디서든 물건을 사고팔 수 있을까?'에 집중했다. 당연한 접근이었다.

하지만 당근마켓은 정반대로 갔다. '근거리 거래의 신뢰와 편의성을 어떻게 설계할까?'를 고민했다. 이 관점의 전환이 1,800만 사용자를 만들어냈다. 동네라는 제약을 오히려 경쟁력으로 바꾼 것이다.

사라지는 직업, 탄생하는 직업

2024년, 충격적인 보고서가 발표되었다. 세계경제포럼의 'Future of Jobs Report 2025'에 따르면, 회계·부기·감사 직군이 2030년까지 가장 빠르게 사라지는 직업군 중 하나로 꼽혔다. 반면에 급성장하는 직업들은 AI 시스템 설계자, 디지털 경험 아키텍트, 데이터 생태계 엔지니어 등이었다. 즉, 단순 실행하는 직업은 사라지고, 시스템을 설계하는 직업이 탄생하고 있는 것이다.

최근 국내 D증권사의 인사팀장을 만났더니 그가 이렇게 털어놨다. "2022년엔 금융 전공자를 65% 뽑았는데, 2024년엔 30%로 줄었어요. 대신 '시스템 설계' 역량을 갖춘 다학제적 인재를 55% 뽑고 있습니다."

"이유가 뭔가요?"라고 물었더니 "더 이상 금융을 아는 사람이 아니라, 금융 경험을 설계할 수 있는 사람이 필요하거든요"라고 그는 답했다.

최근 마이크로소프트는 '시스템 아키텍트' 채용을 50% 늘렸다. 싱가포르 정부는 공무원 필수 교육에 '시스템 사고'를 포함시켰다. 네

덜란드 기업 필립스는 모든 제품 팀에 '경험 설계자'를 의무적으로 배치하기 시작했다. 신호는 명확하다. 빌더의 시대가 온 것이다.

일상의 빌더들

마케터 은지 씨의 발견

'왜 우리 광고를 보고도 아무도 안 사지?'

마케팅 3년 차 은지 씨는 고민에 빠졌다. 광고 카피는 완벽했다. 디자인도 예뻤다. 하지만 전환율은 바닥이었다.

그녀는 '고객들이 우리 메시지에 반응하지 않는 진짜 이유는 뭘까?'라고 질문을 바꿨다. 데이터를 면밀히 파악하고 나서 그녀는 놀라운 사실을 발견했다. 문제는 '메시지'가 아니라 '타이밍'이었다. 고객이 구매를 고려하지 않는 시점에 광고를 보여주고 있었던 것이다.

그녀는 전체 고객의 여정을 재설계했다. 그 결과, 동일한 예산으로 전환율을 120%까지 끌어올릴 수 있었다.

IT 개발자 준호 씨의 선택

"모바일 앱을 빨리 만들어주세요!"

5년 차 개발자 준호 씨에게 급한 프로젝트가 떨어졌다. 평소라면 바로 코딩부터 시작했을 것이다.

하지만 그는 "왜 우리가 이 앱을 만들어야 하죠?"라고 질문을 던졌다. 알고 보니 실제 필요한 건 새 앱이 아니라, 기존 시스템의 모바일 인터페이스 개선이었다. 그는 API 레이어를 설계해 기존 시스템을 모바일 친화적으로 만들었다. 그 결과, 개발 기간은 8개월에서 6주로 단축되었고, 사용자 만족도도 35% 상승했다.

AI 시대의 마지막 경쟁력

"기존 게임에서 이기려 하지 마라. 새로운 게임을 만들어라."

페이팔PayPal과 팰런티어Palantir의 창업자 피터 티엘의 말이다. 이것이 바로 빌더의 본질이다. 빌더는 주어진 게임의 룰을 마스터하는 게 아니라, 게임 자체를 재설계한다. 시스템을 설계하는 사람이 판을 바꾸는 것이다

AI가 정보 처리, 패턴 인식, 콘텐츠 생성에서 인간을 추월하는 지금, 우리에게 남은 건 무엇일까? 바로 '설계 능력'이다. AI는 아무리 똑똑해도 주어진 파라미터Parameter 안에서만 작동한다. 하지만 그 파라미터를 정의하고, 시스템의 방향을 설정하는 건 여전히 인간의 영역이다.

"조직의 미래 경쟁력은 AI 도입 자체가 아니라, 시스템 설계 역량에 달려 있다"고 한 IT 시장조사 기관 가트너의 2024년 보고서도 이를 뒷받침한다. 2024년부터 MIT 슬론 경영대학원도 모든 MBA 과정에 '시스템 설계'를 필수 과목으로 도입했다.

당신의 선택은?

빌더는 특별한 직함이 아니다. 당신이 어떤 일을 하든, 어디에 있든 빌더가 될 수 있다. 중요한 건 사고방식의 전환이다. 그렇다면 기존 방식과 빌더 방식은 어떤 차이점을 보일까?

*기존 방식
- 어떻게 더 잘할까?
- 어떤 도구를 배울까?
- 어떻게 더 빨리 할까?

*빌더 방식
- 왜 이런 문제가 생길까?
- 어떤 시스템이 더 나은 결과를 만들까?
- 어떻게 다르게 접근할까?

이 순간, 당신에게 묻고 싶다. 당신은 현재 이름을 가진 직업을 갖고 있는가, 아니면 아직 이름이 없는 미래의 직업을 설계하고 있는가? 지금 이 순간, 당신은 기존 게임의 플레이어인가, 아니면 새로운 게임의 설계자인가?

아마존의 신입 사원처럼, 젭토의 창업자들처럼, 당근마켓처럼, 은지 씨와 준호 씨처럼 당신도 선택할 수가 있다. AI가 당신을 설계하기 전에, 시스템을 설계하라. 빌더의 시대는 이미 시작되었다. 당신의 선택이 미래를 만든다.

2장

당신은 '빌더'인가?

1. 문제 재정의자: '왜?'라는 질문으로 판을 뒤집다

당근마켓 김재현의 동네 혁명

2015년, 판교의 한 카페. 개발자 김재현은 중고 거래 앱을 기획하고 있었다. 당시 중고나라, 번개장터 같은 플랫폼들이 이미 시장을 장악하고 있었다.

'또 다른 중고 거래 앱? 의미가 있을까?'

대부분의 사람들이 '더 좋은 중고 거래 앱을 어떻게 만들까?'를 고민할 때, 김재현은 다른 질문을 던졌다.

'왜 사람들이 중고 거래를 꺼릴까?'

그는 중고 거래의 진짜 문제를 파헤쳤다. 거리의 문제, 신뢰의 문제, 복잡함의 문제 등이 떠올랐다. 그리고 수많은 사용자를 인터뷰한 결과, 핵심을 발견했다.

"사기 당할까 봐 무서워요."

"얼굴도 모르는 사람과 거래하기가 찝찝해요."

"멀리서 와서 거래가 성사되지 않으면 시간 낭비예요."

김재현은 깨달았다. 문제는 '중고 거래'가 아니라 '신뢰'였다. 그래서 그는 완전히 다른 접근법을 취했다.

'전국구 거래가 아니라 동네 거래면 어떨까?'

기존 플랫폼들이 '어떻게 하면 전국 어디서든 거래할 수 있을까?'를 고민할 때, 당근마켓은 '왜 멀리까지 가서 거래해야 하는가?'라는 질문을 던졌다. 동네라는 제약을 오히려 경쟁력으로 바꾼 것이다. 동네 사람이니까 신뢰할 수 있고, 가까우니까 직접 확인할 수 있고, 커뮤니티니까 평판이 중요하다는 판단이 들었다.

결과는 어땠을까? 2024년 기준, 사용자는 2,000만 명, 기업가치는 3조 원에 이르렀다. 김재현은 단순히 중고 거래 앱을 만든 게 아니라, 동네 경제 시스템을 재설계한 것이었다.

일상의 문제 재정의자

서울 강동구의 한 초등학교에 근무하는 박 선생님도 문제 재정의자였다. 아이들이 수학을 어려워할 때, 다른 선생님들은 '어떻게 하면 더 쉽게 가르칠까?'를 고민했다. 하지만 박 선생님은 다른 질문을 던졌다.

'왜 아이들이 수학을 어려워할까?'

그리고 6개월간 관찰한 결과, 놀라운 사실을 발견했다. 아이들은 수학 자체를 어려워하는 게 아니라, 수학이 일상과 동떨어져 있다고 느끼고 있었다.

"선생님, 이거 배워서 어디에 써요?"

박 선생님은 수학 교육 방식을 완전히 재설계했다. 분수는 피자로, 확률은 게임으로, 그래프는 용돈 관리로 가르치기 시작했다. 1년 후, 그의 반 아이들의 수학 성적은 전교 1등이 되었다. 더 중요한 건, 아이들이 수학을 좋아하게 되었다는 것이다.

위의 사례처럼 문제 재정의자는 표면적 증상이 아닌 근본 원인을 파고든다. 그들의 시작점은 항상 '왜?'다. '왜 이 문제가 생기는가?', '왜 다들 이 방법을 당연하게 여기는가?', '왜 다른 방법은 시도해보지 않는가?'라고 묻는다.

김재현이 중고 거래의 본질을 '신뢰' 문제로 재정의하고, 박 선생님이 수학 교육의 본질을 '연결' 문제로 재정의했듯이, 문제 재정의자는 문제의 프레임 자체를 바꾼다.

당신도 문제 재정의자의 DNA를 가질 수 있다. 비효율적인 프로세스를 보면 불편함을 느끼고, '왜 이렇게 해야 하지?'라는 질문을 자주 던지며, 근본 원인을 찾으려 한다면 말이다.

2. 실험가: 빠르게 실패하고, 빠르게 배우다

패스트트랙아시아의 실험 철학

2018년, 강남의 한 스타트업 사무실. 패스트트랙아시아의 창업자들은 흥미로운 실험을 하고 있었다.

"올해 목표는 10개의 실패작 만들기입니다."

일반적인 회사라면 '올해 목표는 성공작 1개 만들기'라고 했을 텐데, 이들은 정반대였다. 왜일까?

"성공은 운이지만, 실패는 데이터예요."

그들의 철학은 간단했다. 빠르게 시도하고, 빠르게 실패하고, 빠르게 배운다는 것이었다. 그들은 완벽한 계획을 세우는 데 6개월을 쓰는 대신, 6개월 동안 6번의 실험을 한다.

2019년 그들의 첫 번째 실험은 반려동물 용품 큐레이션 서비스였다. 3개월 만에 실패했다. 이유는 고객 획득 비용이 너무 높았기 때문이었다.

두 번째 실험은 중고 명품 인증 서비스였다. 2개월 만에 실패했다. 이유는 인증 과정이 너무 복잡했기 때문이었다.

세 번째 실험은 로컬 맛집 배달 서비스였다. 1개월 만에 실패했다. 이유는 배달 범위가 제한적이었기 때문이었다.

이런 경우, 대부분의 창업자라면 아마 좌절했을 것이다. 하지만 패스트트랙아시아는 달랐다. 각각의 실패에서 다음과 같은 귀중한 데이터를 얻었다.

- 고객 획득 비용을 미리 계산해야 한다.
- 복잡한 프로세스는 사용자를 떠나게 만든다.
- 로컬 서비스는 밀도가 핵심이다.

네 번째 실험에서 그들은 이 모든 학습을 적용했다. 간단한 주문 과정, 낮은 고객 획득 비용, 높은 지역 밀도를 모두 충족하는 서비스를 만들었다. 결과는 어땠을까? 2020년에 50억 원을 유치하는 데 성공했다.

90일 실험의 마법

부산의 한 중소기업 마케팅 팀장인 이 대리도 실험가였다. 그의 회사는 전통적인 B2B 제조업체였다. 마케팅이라고 해봐야 전시회 참가와 영업 지원이 전부였다.

하지만 이 대리는 달랐다. "90일마다 새로운 실험을 해보자"고 제안했다. 그 일련의 과정은 다음과 같았다.

〈첫 번째 90일: 링크드인 마케팅 실험〉
- 가설: 우리 고객들이 링크드인을 쓸까?
- 실험: 매일 업계 관련 콘텐츠 1개씩 포스팅
- 결과: 실패. 반응이 거의 없었다.
- 학습: 우리 고객들은 링크드인보다 네이버 카페를 더 많이 쓴다.

〈두 번째 90일: 네이버 카페 마케팅 실험〉
- 가설: 업계 카페에서 도움이 되는 정보를 제공하면 신뢰를 얻을 것이다.
- 실험: 주 2회 기술 팁과 트렌드 정보 공유
- 결과: 성공! 문의가 30% 증가했다.
- 학습: 직접적인 홍보보다 도움이 되는 정보가 더 효과적이다.

〈세 번째 90일: 고객 후기 영상 실험〉
- 가설: 기존 고객의 생생한 후기가 신규 고객에게 영향을 줄 것이다.
- 실험: 월 2편의 고객 인터뷰 영상 제작
- 결과: 대성공! 매출이 50% 증가했다.

1년 후, 이 대리의 마케팅팀은 회사에서 가장 주목받는 부서가 되었다. 그의 비결은 무엇이었을까? '완벽한 계획보다 빠른 실험'이었다.

실험가의 DNA

실험가들은 실패를 두려워하지 않는다. 오히려 실패를 귀중한 데이터로 본다. 그들의 모토는 '빠르게 실패하고, 빠르게 배우자!'다. 패스트트랙아시아가 10번의 실패에서 성공 공식을 찾고, 이 대리가 3번의 실험으로 마케팅의 새로운 방향을 찾았듯이, 실험가는 시행착오를 통해 성장한다.

당신도 실험가의 특성을 가질 수 있다. 새로운 방법을 시도하는 것을 두려워하지 않고, 실패했을 때 원인을 분석하며, '일단 해보자!'는 마음가짐을 갖고 있다면 말이다.

3. 크로스 통합자: 경계를 넘나드는 융합의 달인

네이버 클로바의 감정 혁명

2017년, 네이버 클로바팀의 한 회의실. 개발자들이 AI의 음성인식 정확도를 논의하고 있었다.

"음성인식 정확도를 95%까지 올렸습니다."

"좋네요. 그런데 사용자들 반응이 왜 이렇게 차가울까요?"

데이터는 완벽했다. 기술도 최고 수준이었다. 하지만 뭔가 부족했다.

그때 팀에 새로 합류한 심리학 박사 김 연구원이 다른 관점을 제시했다.

"혹시 사용자들이 단순히 정확한 답변이 아니라, 공감받는 느낌을 원하는 건 아닐까요?"

개발자들은 고개를 갸웃했다.

"AI가 공감을 해야 한다고요?"

김 연구원은 "심리학에 '정서적 전염 이론'이란 게 있어요. 사람들은 상대방의 감정을 무의식적으로 따라하게 됩니다. AI도 마찬가지일 수 있어요"라고 설명했다.

그래서 클로바팀은 획기적인 실험을 시작했다. AI 기술과 심리학을 융합한 감정 인식 AI를 개발하기로 한 것이다. 하지만 이는 쉽지 않았다. 개발자들은 심리학을 몰랐고, 심리학자는 프로그래밍을 몰랐다. 처음 6개월 동안은 서로 다른 언어를 쓰는 것 같았다.

전환점이 된 것은 '번역자' 역할을 하는 사람이 나타났을 때였다. 인지과학을 전공한 김 PM은 개발자들에게는 심리학 개념을 기술 언어로, 심리학자에게는 기술적 제약을 심리학 언어로 설명해 주었다.

1년 후, 그들이 개발한 클로바는 단순히 명령을 수행하는 AI가 아니라, 사용자의 감정을 읽고 적절히 반응하는 AI로 진화했다. "오늘 기분이 안 좋아 보이네요. 좋아하는 음악을 틀어드릴까요?"

이 한 마디가 클로바의 사용자 만족도를 40% 끌어올렸다.

한옥과 3D 프린팅의 만남

경기도 파주의 한 연구소. 건축가인 박 설계사는 흥미로운 프로젝트를 진행하고 있었다.

'한옥을 3D 프린터로 만들 수는 없을까?'

언뜻 보면 말이 안 되는 조합이었다. 한옥은 전통이고, 3D 프린팅은 첨단 기술이었다.

하지만 박 설계사는 둘 사이의 연결점을 찾았다.

"한옥의 핵심은 자연과 조화로운 구조예요. 3D 프린팅의 장점은 복잡한 구조를 정밀하게 구현하는 거고요."

그는 한옥의 전통적인 공간 배치와 자연 환기 시스템을 연구했다. 동시에 3D 프린팅 기술로 구현 가능한 복잡한 구조를 실험했다.

가장 큰 돌파구는 한옥의 '처마' 구조에서 나왔다. 전통 한옥의 처마는 여름에는 햇빛을 차단하고, 겨울에는 햇빛을 받아들이는 절묘한 각도로 설계되어 있었다. 이를 3D 프린팅으로 구현하되, 현대적인 단열재와 환기 시스템을 통합했다.

2년 후, 그가 개발한 '네오 한옥'은 에너지 효율성이 일반 주택보다 40%나 높았다. 전통의 지혜와 현대 기술의 완벽한 융합이었다.

게임과 금융의 만남

서울 여의도, B증권사 디지털혁신팀. 팀장인 이 과장은 고민에 빠져 있었다.

"MZ세대 고객들이 우리 앱을 안 써요. 어떻게 하면 좋을까요?"

일반적인 접근이라면 UI/UX를 개선하거나, 수수료를 낮추거나, 이벤트를 하는 것이었다. 하지만 이 과장은 다른 분야에서 영감을 찾기로 했다.

'게임은 어떻게 사람들을 중독시킬까?'

그는 게임 디자이너와 심리학자를 초청해 워크숍을 열었다. 그들로부터 '게이미피케이션' 이론을 배웠다.

"사람들은 성취감과 경쟁심을 좋아해요. 레벨업하고, 배지를 모으고, 리더 보드에서 순위를 올리는 재미가 있어야 해요."

이 과장은 이 원리를 투자 앱에 적용했다. 투자 목표를 달성하면 포인트를 주고, 꾸준한 투자 습관을 만들면 배지를 주고, 수익률에 따라 레벨을 나누었다. 그렇게 6개월이 지니자 MZ세대 가입자가 200% 증가했다. 게임의 재미와 금융의 실용성이 만난 결과였다.

크로스 통합자의 힘

크로스 통합자는 서로 다른 분야를 연결하는 다리 역할을 한다. 그들은 '이 분야의 원리를 저 분야에 적용하면 어떨까?'라는 질문을 던진다. 네이버 클로바팀이 AI와 심리학을 융합하고, 박 설계사가 한옥과 3D 프린팅을 연결하고, 이 과장이 게임과 금융을 결합했듯이, 크로스 통합자는 경계를 넘나들며 새로운 가능성을 만든다.

당신도 크로스 통합자의 자질을 가질 수 있다. 다양한 분야에 호기심이 많고, 서로 다른 것들 사이의 연결점을 찾으려 하며, '이걸 저기에 적용하면 어떨까?'라는 생각을 자주 한다면 말이다.

4. 생태계 설계자: 함께 성장하는 구조를 만들다

무신사의 플랫폼 혁명

2012년, 홍대 근처 작은 사무실. 무신사 창업자들은 딜레마에 빠져 있었다.

"우리가 직접 옷을 만들어서 팔까요, 아니면 다른 브랜드 옷을 가져다 팔까요?"

일반적인 온라인 쇼핑몰이라면 직접 상품을 만들거나 도매로 사서 파는 것이 당연했다. 하지만 무신사는 완전히 다른 선택을 했다.

"우리는 옷을 파는 회사가 아니라, 패션 생태계를 만드는 회사가 되자."

이들의 비전은 혁신적이었다. 브랜드, 소비자, 인플루언서, 스타일리스트가 모두 함께 성장할 수 있는 플랫폼을 만드는 것이었다. 작은 브랜드에게는 고객을 만날 기회를, 고객에게는 다양한 선택권을, 인플루언서에게는 수익 창출의 기회를 제공했다. 모든 참여자가 서로에게 도움이 되는 구조였다.

'무신사 스탠다드'라는 자체 브랜드를 런칭할 때도 이 철학을 적용했다. 기존 브랜드와 경쟁하는 대신, 틈새시장을 채우는 방식으로 접근했다. 2024년 현재, 무신사는 월 2,000만 명이 방문하는 플랫폼이 되었다. 더 중요한 건, 무신사와 함께 성장한 브랜드들이 수백 개에 이른다는 점이다.

동네 카페의 생태계 실험

부산 해운대의 한 카페 사장인 김 대표도 생태계 설계자였다. 그의 카페는 평범한 동네 카페였다. 경쟁이 치열한 카페 시장에서 살아남기란 쉽지 않았다. 그때 김 대표는 전혀 다른 접근법을 취했다. '우리 카페만 잘되는 게 아니라, 이 골목 전체가 잘되는 방법은 없을까?'를 생각한 것이다.

그는 '골목 상권 협의체'를 만들었다. 카페, 식당, 문구점, 미용실, 세탁소까지 모든 가게가 참여했다. 먼저 '골목 스탬프 투어'를 기획했다. 고객이 각 가게를 방문할 때마다 스탬프를 찍어주고, 일정 개수가 모이면 할인 혜택을 제공했다. 각 가게는 다른 가게 고객에게도 서비스를 제공했다. 카페에 온 손님에게는 근처 맛집을 추천하고, 식당에 온 손님에게는 후식으로 카페를 추천했다. 미용실에 온 손님에게는 카페 쿠폰을, 카페에 온 손님에게는 미용실 할인권을 제공했다.

2년 후, 이 골목은 부산의 핫 플레이스가 되었다. 모든 가게의 매출이 평균 40%가량 증가했다. 김 대표는 단순히 자신의 카페만 성공시킨 게 아니라, 골목 전체의 성공을 설계한 것이다.

회사 내 학습 커뮤니티

대구의 한 IT 회사 개발팀장인 박 팀장도 생태계 설계자였다. 그의 팀은 실력은 좋았지만, 개발자들은 각자 일만 하는 분위기였다. '어떻게 하면 팀원들이 서로 배우고 성장할 수 있을까?'

박 팀장은 '기술 공유 생태계'를 만들기로 했다. 단순한 스터디 모임이 아니라, 모든 참여자가 가르치고 배우는 구조였다. 규칙은 간단했다. 매주 한 명씩 돌아가며 자신이 배운 기술을 팀원들에게 공유했다. 단, 가르치는 사람도 배우는 것이 있어야 했다. 예를 들어, A가 리액트를 공유하면서 B에게 파이썬을 배우고, B가 파이썬을 공유하면서 C에게 디자인을 배우는 식이었다.

그러자 6개월 후, 놀라운 일이 일어났다. 팀 전체의 기술 수준이 급격히 향상되었다. 더 중요한 것은 팀워크가 크게 개선되었다는 점이다. 서로 가르치고 배우는 과정에서 자연스럽게 협력하게 되었기 때문이다. 이 시스템은 다른 팀에도 확산되었고, 결국 회사 전체의 문화가 되었다. 박 팀장은 단순히 팀 관리를 잘 한 게 아니라, 학습과 성장의 생태계를 설계한 것이다.

생태계 설계자의 비전

생태계 설계자는 혼자만의 성공이 아닌, 모든 참여자의 성공을 설계한다. 그들의 핵심 질문은 '어떻게 하면 모두가 함께 성장할 수 있을까?'다. 무신사가 브랜드와 고객, 인플루언서가 모두 윈윈하는 구조를 만들고, 김 대표가 골목 전체의 상생을 설계하고, 박 팀장이 팀원들끼리 서로 가르치고 배우는 시스템을 만들었듯이, 생태계 설계자는 지속 가능한 성장 구조를 만든다.

당신도 생태계 설계자의 특성을 가질 수 있다. 다른 사람들과 협력하는 것을 좋아하고, '어떻게 하면 모두에게 도움이 될까?'를 고민하며, 장기적인 관계를 중시한다면 말이다.

5. 당신은 어떤 빌더인가?

4가지 빌더 타입 정리

앞에서 네 가지 빌더 타입을 살펴봤다. 이를 간단히 정리하면 다음과 같다.

문제 재정의자는 '왜?'라는 질문으로 시작한다. 당근마켓의 김재현처럼 중고 거래의 본질을 신뢰 문제로 재정의하고, 박 선생님처럼 수학 교육의 본질을 연결 문제로 재정의한다. 그들은 표면적 증상이 아닌 근본 원인을 파고든다.

실험가는 '일단 해보자!'는 마음가짐을 갖는다. 패스트트랙아시아처럼 빠르게 실패하고 빠르게 배우며, 이 대리처럼 90일마다 새로운 실험을 시도한다. 그들은 완벽한 계획보다 빠른 행동을 선택한다.

크로스 통합자는 서로 다른 분야를 연결한다. 네이버의 클로바팀처럼 AI와 심리학을 융합하고, 박 설계사처럼 한옥과 3D 프린팅을 결합한다. 그들은 경계를 넘나들며 새로운 가능성을 발견한다.

생태계 설계자는 모든 참여자의 성장을 설계한다. 무신사처럼 브랜드와 고객이 함께 성장하는 플랫폼을 만들고, 김 대표처럼 골목 전체의 상생을 도모한다. 그들은 지속 가능한 윈윈 구조를 만든다.

나는 어떤 빌더일까?

중요한 건 이 네 가지 유형이 서로 배타적이지 않다는 점이다. 한 사람이 여러 특성을 동시에 가질 수 있고, 상황에 따라 다른 접근법을 사용할 수도 있다. 토스의 이승건도 문제 재정의자면서 동시에 실험가였다. 무신사도 생태계 설계와 함께 다양한 실험을 병행했다. 당신은 어떤 빌더에 가장 가까운가? 아니면 여러 유형의 조합인가?

당신이 어떤 빌더에 가장 가까운지 다음 상황들을 읽고, 가장 먼저 떠오르는 반응을 선택해보라.

〈3분 빌더 진단 테스트〉

상황1: 회사 시스템이 매일 10분씩 느려진다.

A. IT팀에 빨리 수정을 요청하자.

B. 일단 다른 방법을 시도해보자.

C. 왜 이런 문제가 계속 반복되는 거지?

D. 다른 팀들은 어떻게 해결하고 있을까?

상황2: 새로운 프로젝트에 투입되었다.

A. 기존 매뉴얼과 가이드라인부터 확인하자.

B. 작은 부분부터 실험해보면서 배우자.

C. 이 프로젝트가 정말 필요한 일인가?

D. 관련된 사람들을 먼저 만나보자.

상황3: 팀 성과가 기대에 못 미친다.

A. 더 체계적으로 관리해야겠다.

B. 새로운 접근 방식을 빠르게 테스트해보자.

C. 우리가 잘못 접근하고 있는 건 아닐까?

D. 다른 팀의 좋은 사례를 벤치마킹하자.

상황4: 고객 불만이 지속적으로 발생한다.

A. 고객 서비스 프로세스를 개선하자.

B. 여러 해결책을 동시에 시도해보자.

C. 고객이 진짜 원하는 게 뭔지부터 파악하자.

D. 고객과 직접 소통할 수 있는 채널을 만들자.

상황5: 업무량이 과도해서 힘들다.

A. 업무 효율성을 높이는 방법을 찾자.

B. 새로운 툴이나 방법론을 실험해보자.

C. 이 모든 업무가 정말 필요한 건가?

D. 동료들과 협업해서 부담을 나누자.

<결과 분석>

A를 가장 많이 선택했다면: 체계적 실행자

당신은 안정적이고 체계적인 접근을 선호한다. 이미 검증된 방법을 바탕으로 효율성을 추구하는 성향이 강하다.

* 빌더로의 성장 포인트: '어떻게'에서 '왜'로 질문을 확장해 보라. 체계적인 성향에 문제 재정의 능력을 더하면 강력한 문제 재정의자가 될 수 있다.

B를 가장 많이 선택했다면: 타고난 실험가

당신은 이미 실험가의 DNA를 갖고 있다. 새로운 시도를 두려워하지 않고, 빠른 실행을 통해 배우는 것을 선호한다.

* 성장 방향: 실험 전에 명확한 가설을 세우는 습관을 기르자. 무작정 시도하기보다는 '왜 이것을 실험하는가?'를 먼저 정의

하면 더 효과적인 실험가가 될 수 있다.

C를 가장 많이 선택했다면: 천연 문제 재정의자
축하한다! 당신은 이미 문제 재정의자의 핵심 사고를 가지고 있다. 본질을 파고들고 근본 원인을 찾는 능력이 뛰어나다.
* 성장 방향: 뛰어난 통찰력을 실행으로 연결하자. '왜'를 찾았으면 '어떻게'도 설계할 수 있어야 완전한 빌더가 된다.

D를 가장 많이 선택했다면: 자연스러운 생태계 설계자
당신은 생태계 설계자의 자질을 가지고 있다. 사람들과의 관계를 중시하고, 협력을 통한 문제 해결을 선호한다.
* 성장 방향: 관계 구축 능력에 시스템 설계 역량을 더하자. 사람을 연결하는 것을 넘어 구조를 만드는 것까지 생각해 보자.

복합형: 가장 흥미로운 결과
여러 알파벳이 비슷하게 나왔다면 다면적 잠재력을 갖고 있기에 축하할 일이다. B와 C가 많다면, 실험 정신과 본질 탐구 능력을 갖춘 '혁신적 문제 해결사' 타입이다. A와 D가 많다면 체계성과 협력 능력을 겸비한 '협력적 시스템 구축자' 타입이다. 중요한 건 이런 다양성이 약점이 아니라 강점이라는 점이다. 복합적 사고를 할 수 있는 사람이 더 강력한 빌더가 될 수 있다.

이 진단의 목적은 당신을 분류하려는 게 아니다. 당신의 성장 방향을 찾으려는 것이다. 어떤 결과가 나왔든 기억하라. 빌더는 고정된 정체성이 아니다. 성장하는 과정이다. 오늘의 당신과 1년 후의 당신은 다를 수 있고, 다른 게 정상이다.

당근마켓의 김재현도 처음부터 문제 재정의자는 아니었다. 수많은 시행착오를 통해 '왜?'라는 질문의 힘을 깨달았다. 패스트트랙 아시아도 실패를 데이터로 바꾸는 법을 배우는 데 시간이 걸렸다. 중요한 질문은 '나는 어떤 빌더인가?'가 아니라 '나는 어떤 빌더가 되고 싶은가?'다.

오늘부터 시작하는 빌더 실험

나는 당신에게 각 빌더 유형별로 오늘부터 시작할 수 있는 간단한 실험을 제안한다.

> **문제 재정의자가 되고 싶다면:** 오늘 업무 중 가장 귀찮은 일 하나를 선택하고, '왜 이 일을 이런 방식으로 해야 하지?'라는 질문을 5번 연속으로 던져보라. 5번째 '왜?'에서 새로운 관점이 보일 것이다.
>
> **실험가가 되고 싶다면:** 다음 주에 평소와 다른 방식으로 일해

> 볼 작은 실험 하나를 정하라. 실패해도 괜찮다. 중요한 건 왜 실패했는지 분석하는 것이다.
>
> **크로스 통합자가 되고 싶다면:** 자신의 분야와 전혀 관련 없는 책 한 권을 읽고, 그 분야의 핵심 원리 3개를 찾아 자신의 업무에 적용할 방법을 생각해보라.
>
> **생태계 설계자가 되고 싶다면:** 주변 동료나 팀원 중 한 명과 서로 도움이 될 수 있는 협력 방안을 찾아보라. 작은 것부터 시작하면 된다.

2025년, 우리는 변화의 한가운데에 서 있다. AI가 단순 업무를 대체하고, 자동화가 일상이 되는 시대. 이런 시대에 살아남고 성장하는 사람들의 공통점은 무엇일까?

그들은 모두 '빌더'였다. 문제를 재정의하고, 실험을 통해 배우고, 서로 다른 것들을 연결하고, 함께 성장하는 구조를 만드는 사람들. 당신도 그중 한 명이 될 수 있다. 특별한 재능이나 완벽한 계획이 필요한 게 아니다. 작은 호기심과 실험 정신이면 충분하다.

김재현은 '왜 중고 거래가 불편할까?'라는 작은 의문에서 시작했다. 패스트트랙아시아는 첫 번째 실패에서 포기하지 않고 계속 실험했다. 네이버 클로바팀은 서로 다른 분야의 사람들이 만나 대화하기 시작했다. 무신사는 혼자만의 성공이 아닌 모두의 성공을 그렸다.

당신의 빌더 여정은 어떤 모습일까? 어떤 '왜?'에서 시작할까? 어떤 실험을 할까? 무엇을 연결할까? 누구와 함께 성장할까? 답은 당신 안에 있다. 그리고 그 답을 찾는 여정이 바로 빌더가 되는 과정이다.

다음 장에서는 빌더만의 생존 방식인 '빌더스 코드'를 자세히 살펴보겠다. 당신만의 빌더 시스템을 설계할 시간이다.

3장

빌더만의 생존방식: '빌더스 코드'

1. 생존 공식① Why 5번 공식

정 책임의 9개월 실패와 생존 공식 3가지의 탄생

2023년 9월, H사 미래모빌리티팀의 정 책임은 절망적인 순간을 맞이했다. 9개월간 밤낮없이 개발한 자율주행 시스템이 최종 테스트에서 완전히 실패한 것이다.

"망했다. 완전히 망했어."

팀원들은 패닉 상태였다. 마감일은 코앞이었고, 경영진은 결과를 기다리고 있었다. 누군가가 떨리는 목소리로 말했다.

"밤을 새서라도 버그를 고쳐야 해요. 아니면 우리 다 죽습니다."

회의실은 무거운 침묵이 흘렀다. 모두가 컴퓨터 화면을 멍하니 바라보고 있을 때, 정 책임이 갑자기 일어나 소리쳤다.

"잠깐, 모두 멈춰."

그는 화이트보드 앞으로 나가 마커를 들고 천천히 말했다.

"이건 문제가 아니라 메시지입니다. 우리의 접근법 자체를 재고

해야 한다는 신호죠."

팀원들은 어안이 벙벙했다. 최연소 개발자가 "뭔 소리예요? 지금 당장 고쳐야 하는데. 시간 없어요!"라고 항의했다.

그러나 정책임은 고개를 저으며 "누가 잘못했는지 찾는 게 아니라, 어떻게 하면 이런 일이 다시 안 일어날지 시스템을 설계해야 합니다"라고 말했다.

그리고는 화이트보드에 큰 제목을 쓰고, 그 아래로 다음과 같이 세 가지 공식을 적었다.

〈빌더스 코드: 일상 생존 공식〉
· 생존 공식1: Why 5번 공식(책임 추궁 X, 시스템 개선 O)
· 생존 공식2: AI와의 협업 공식(인간의 고유 영역+AI 자동화=시너지)
· 생존 공식3: 실험 설계 공식(빠른 실패→빠른 학습→빠른 개선)

누구 잘못이 아니라, 어떻게 더 잘할 수 있을까?

정 책임은 팀에게 규칙을 제시했다.

"Why를 5번 묻되, 절대 사람을 탓하지 말고 시스템을 개선하는 방향으로만 생각하세요."

· Why1: 왜 자율주행 시스템이 실패했을까?

- → 실제 도로 상황에서 예상치 못한 변수가 발생했기 때문
- Why2: 왜 예상치 못한 변수를 대비하지 못했을까?
  - → 테스트 환경이 실제 환경과 달랐기 때문
- Why3: 왜 테스트 환경이 실제와 달랐을까?
  - → 실제 도로 데이터를 충분히 수집하지 못했기 때문
- Why4: 왜 실제 도로 데이터를 충분히 수집하지 못했을까?
  - → 실험실 테스트에만 의존하는 개발 프로세스였기 때문
- Why5: 왜 실험실 테스트에만 의존하게 되었을까?
  - → 도로 테스트는 위험하고 비용이 많이 든다고 생각했기 때문

이 과정에서 중요한 건, 누구도 비난하지 않았다는 점이다. 그들은 'A가 잘못했다', 'B팀이 실수했다'가 아니라, '어떤 시스템을 만들면 더 잘할 수 있을까?'에만 집중했다.

해결책: 새로운 개발 프로세스 설계

정 책임은 팀을 두 그룹으로 나눴다. 한 그룹은 당장의 문제를 해결하고, 다른 그룹은 완전히 새로운 테스트 시스템을 설계하는 것이었다. 새로운 시스템은 이랬다.

- 1. 도로 데이터 수집 단계: 실제 도로에서 다양한 상황 데이터 수집
- 2. 시뮬레이션 개발 단계: 수집된 데이터로 정교한 시뮬레이션 환경

구축
- 3. 점진적 테스트 단계: 시뮬레이션 → 폐쇄 도로 → 실제 도로 순으로 단계적 테스트
- 4. 피드백 루프: 각 단계에서 발견된 문제를 다시 시뮬레이션에 반영

6개월 후, 정 책임 팀이 새로운 시스템으로 개발한 자율주행 기술은 첫 번에 모든 테스트를 통과했다. 더 중요한 건, 이 프로세스가 회사 전체의 표준이 되었다는 점이다.

K페이의 'Why 5번' 혁명

비슷한 시기, K페이 제품팀의 김 수석도 골치 아픈 문제에 직면했다. 사용자들이 결제 과정에서 자꾸 이탈하기 때문이었다. 전환율이 업계 평균에 비해 20%나 낮았다.

팀은 처음에 전형적인 해결책들을 시도했다. 결제 버튼을 크게 만들고, 할인 쿠폰을 제공하고, 결제 단계를 줄였다. 하지만 효과는 일시적이었다.

김 수석은 'Why 5번' 공식을 적용해보기로 했다. 단, 규칙이 있었다. 사용자를 바보 취급하거나, 누구를 탓하지 말고, 우리가 어떻게 더 잘할 수 있을지만 생각하자는 것이었다.

- Why1: 왜 사용자들이 결제를 포기할까?
    → 결제 과정에서 뭔가 불편함을 느끼기 때문
- Why2: 왜 불편함을 느낄까?
    → 지금 무슨 일이 일어나고 있는지 명확하지 않기 때문
- Why3: 왜 명확하지 않을까?
    → 결제 진행 상황을 제대로 알려주지 않기 때문
- Why4: 왜 진행 상황을 제대로 알려주지 않을까?
    → 사용자가 그런 정보를 원한다고 생각하지 않았기 때문
- Why5: 왜 그런 생각을 했을까?
    → 결제는 빨리 끝내야 한다고만 생각했기 때문

이 분석을 통해 제품팀은 깨달았다. 문제는 결제 속도가 아니라 '투명성'이었다.

해결책: 투명한 결제 시스템 설계

그래서 김 수석의 팀은 결제 과정을 다음과 같이 완전히 재설계했다.

- 1. 실시간 진행 표시: "카드 정보 확인 중", "결제 처리 중", "완료!" 같은 단계별 안내
- 2. 예상 시간 알림: "약 3초 소요됩니다" 같은 시간 정보 제공

- 3. 문제 발생 시 즉시 안내: 뭔가 잘못되면 바로 알려주고 대안 제시
- 4. 완료 후 명확한 확인: 결제가 끝나면 영수증과 함께 "성공적으로 완료되었습니다"라는 메시지

결과는 놀라웠다. 결제 완료율이 35%가량 향상되었고, 고객 만족도도 크게 상승했다. 더 중요한 건, 이 과정에서 아무도 서로를 비난하지 않았다는 점이다. 모든 에너지가 '더 나은 시스템 만들기'에 집중되었기 때문이다.

김 대리의 출근 시간 'Why 5번' 공식

'Why 5번' 공식은 거대한 프로젝트에만 쓰는 게 아니다. 일상의 작은 문제에도 적용이 가능하다. 서울에 사는 직장인 김 대리는 매일 1시간 30분씩 걸리는 출근 때문에 스트레스였다. 처음에는 '회사가 멀어서 어쩔 수 없다'고 체념했다. 하지만 시간이 지나자 'Why 5번' 공식을 적용해보기로 했다.

- Why1: 왜 출근이 스트레스일까?
    → 시간이 너무 오래 걸리기 때문
- Why2: 왜 시간이 오래 걸리는 게 문제일까?
    → 시간을 낭비하고 있다고 느끼기 때문

- Why3: 왜 낭비라고 느낄까?
  → 아무 것도 생산적인 일을 하지 않기 때문
- Why4: 왜 생산적인 일을 하지 않을까?
  → 지하철에서 할 수 있는 일이 제한적이라고 생각하기 때문
- Why5: 왜 제한적이라고 생각할까?
  → 출근 시간을 '이동 시간'으로만 정의했기 때문

이 분석을 통해 김 대리는 깨달았다. 문제는 출근 시간 자체가 아니라 '시간 활용법' 때문이었다.

해결책: 출근 시간 재정의

그래서 김 대리는 출근 시간을 '학습과 성장의 시간'으로 재정의했다. 그리고 그 시간을 다음과 같은 활동으로 채우기로 했다.

- 월요일: 업무 관련 팟캐스트 듣기
- 화요일: 영어 오디오북으로 언어 실력 향상
- 수요일: 명상 앱으로 마음 챙김 시간
- 목요일: 온라인 강의 동영상 시청
- 금요일: 다음 주 계획 세우기

3개월 후, 김 대리의 변화는 놀라웠다. 출근 시간은 여전히 1시간

30분이었지만, 이제 그 시간이 기다려졌다. 그는 매일 1시간 30분씩 자기계발을 하고 있었고, 동료들보다 빠르게 성장하고 있었다.

Why 5번 공식의 3가지 규칙

빌더들이 'Why 5번' 공식을 할 때 지키는 규칙이 있다. 그것은 다음과 같다.

- 규칙1: 사람이 아니라 시스템을 분석하라. 'A가 잘못했다'가 아니라 '어떤 시스템이 있으면 A가 더 잘할 수 있을까?'를 분석하는 것이다.
- 규칙2: 과거가 아니라 미래에 집중하라. '왜 이런 일이 일어났는가?'가 아니라 '어떻게 하면 더 나은 일이 일어날까?'에 집중하는 것이다.
- 규칙3: 문제가 아니라 기회로 보라. '이게 문제다'가 아니라 '이걸 통해 뭘 개선할 수 있을까?'를 생각하는 것이다.

2. 생존 공식② AI와의 협업 공식

'AI와의 협업 공식(인간의 고유 영역+AI 자동화=시너지)'

앞에서 정 책임이 자율주행 프로젝트를 재설계하면서 깨달은 두 번째 핵심이 바로 AI와의 협업이었다. 그는 "우리는 AI와 경쟁하려 했어요. 하지만 AI와 협업해야 하는 거였습니다"라고 털어놓았다.

하루 혁명

박 실장의 하루 혁명

의류 브랜드에서 일하는 박 실장은 매일이 전쟁 같았다. 디자인, 샘플 확인, 생산 조율, 팀 관리까지 할 일이 산더미였다. 하루 12시간을 일해도 끝나지 않았다.

'이렇게 살면 안 되는데.'

어느 날, 그녀는 유튜브에서 'AI 디자인 도구' 영상을 보게 되었다. 반신반의하며 시도해봤는데, 그 결과는 혁명적이었다.

〈기존의 하루〉

- 오전 2시간: 트렌드 리서치(매거진, SNS, 경쟁사 분석)
- 오전 3시간: 디자인 스케치(기본 아이디어부터 하나씩)
- 오후 4시간: 이메일, 회의, 프레젠테이션 작성
- 저녁 1시간: 하루 정리 및 다음 날 계획

〈AI 협업 후의 하루〉

- 오전 30분: AI 큐레이션 도구로 트렌드 요약 받기+30분 영감 얻기
- 오전 1시간: 텍스트형 이미지 생성 AI인 미드저니Midjourney로 초기 아이디어 생성+30분 창의적 수정
- 오후 1시간: AI 이메일 도구+프레젠테이션 도구로 빠른 처리+2시간 중요한 대면 소통
- 저녁 10분: AI 요약 도구로 하루 정리+20분 다음 날 계획

박 실장은 하루 12시간에서 6시간으로 업무 시간이 줄었다. 하지만 성과는 오히려 더 좋아졌다.

"AI는 제 일을 대체한 게 아니라, 제가 진짜 가치를 더할 수 있는 영역에 집중할 수 있게 해줬어요."

AI와의 협업 공식의 구조

빌더들의 AI 협업에는 명확한 공식이 있다.

1단계는 다음과 같이 AI가 잘하는 것과 인간이 잘하는 것의 역할 분담이다.

〈AI가 잘하는 것〉
- 데이터 수집 및 정리
- 패턴 인식 및 분석
- 반복적인 작업 자동화
- 초안 생성(문서, 디자인, 코드 등)

〈본인이 잘하는 것〉
- 창의적 판단 및 결정
- 감정적 소통 및 공감
- 맥락 이해 및 해석
- 윤리적 가치 판단

2단계는 다음과 같이 언제, 어떻게 협업할지 워크 플로를 설계하는 것이다. 박 실장의 경우에는 AI가 먼저 기본 정보 수집, 초안 생성을 하고, 자신이 그다음에 창의적 수정과 전략적 결정을 하며, AI가 실행 및 정리함으로써 마무리를 한다.

3단계는 지속적인 개선을 위해 피드백 루프를 하는 것이다. 박 실장은 매주 한 번씩 협업 과정을 점검하고 개선한다.

대학생 김 군의 학습 혁명

대학생 김 군도 AI와의 협업 공식을 다음과 같이 학습에 적용했다. 그의 기존 학습법은 강의 듣기→노트 정리→요약본 만들기→암기→시험 단계로, 시간은 오래 걸리는데 효과는 제한적이었다. 이를 AI와의 협업을 통해 다음과 같이 학습법을 바꾸었다.

〈1단계: AI가 기본 작업〉
- 강의 녹음을 AI 필기 도구로 자동 요약
- ChatGPT로 핵심 개념 설명 및 예시 생성
- AI 플래시카드 도구로 암기 자료 자동 생성

〈2단계: 본인이 고차원 작업〉
- 개념 간 연결고리 찾기
- 실제 사례에 적용해보기
- 비판적 사고 및 질문 만들기

〈3단계: AI와 함께 점검〉
- AI 튜터와 질의응답 연습

- 약점 분석 및 보완점 찾기

그 결과, 학습 시간은 30% 줄었지만, 성적은 20% 향상되었다.

주부 이 씨의 가사 시스템

세 아이의 엄마인 이 씨도 AI와의 협업으로 삶이 바뀌었다. 기존 방식은 모든 것을 머릿속으로 관리했다. 식단, 장보기, 청소, 아이들 일정까지 모든 걸 기억하고 처리하느라 항상 스트레스였다. 하지만 AI와 협업 시스템을 구축하자 생활이 완전히 달라졌다.

〈AI 담당〉
- 가족 건강 정보 기반 주간 식단 자동 생성
- 필요한 식재료 쇼핑 리스트 자동 작성
- 가족 일정 통합 관리 및 알림
- 집안일 스케줄 최적화

〈이 씨 담당〉
- 가족 취향 및 특별한 요구사항 반영
- 아이들과의 감정적 소통
- 예상치 못한 상황 대응
- 가족 관계 및 분위기 관리

그 결과, 그녀는 다음과 같이 흡족해했다.

"단순 반복 업무에서 해방되어 아이들과 질 높은 시간을 더 보낼 수 있게 되었어요. AI가 도와주니까 제가 엄마로서 진짜 중요한 일에 집중할 수 있어요."

AI와의 3가지 협업 원칙

하지만 AI와의 협업을 할 때도 기본 원칙이 존재한다. 그것을 정리하면 다음과 같다.

> **원칙1, 대체가 아니라 증강이다.** AI가 인간을 대체하는 게 아니라, 인간의 능력을 증강시키는 방향으로 활용한다.
> **원칙2, 자동화 후 고도화하는 것이다.** 반복적인 일을 AI가 자동화하면, 인간은 더 고차원적이고 창의적인 일에 집중한다.
> **원칙3, 지속적 학습이다.** AI 도구도 계속 발전하고, 인간의 역량도 계속 발전한다. 협업 방식도 함께 진화시켜야 한다.

빌더는 AI를 그저 업무 효율화 도구로만 보지 않는다. 그들은 AI를 통해 일상의 구조 자체를 재설계한다. 빌더의 AI 활용 원칙은 다음과 같다.

1. 반복 작업 식별: 먼저 자신의 일상에서 반복적이고 예측 가능한 작업을 파악한다

2. 가치 기반 자동화: 단순히 시간을 절약하기 위해서가 아니라, 더 큰 가치를 창출하기 위해 자동화한다

3. 인간-AI의 경계 설정: AI가 잘하는 것(데이터 처리, 패턴 인식, 초안 생성)과 인간이 잘하는 것(창의적 판단, 감성적 이해, 윤리적 결정)을 명확히 구분한다

4. 점진적 통합: 한 번에 모든 것을 바꾸려 하지 말고, 하나씩 도구를 통합하며 워크 플로를 발전시킨다

빌더의 AI 접근법은 도구를 사용하는 것이 아니라, 도구를 활용해 자신의 삶의 구조를 재설계하는 것이다. 그들은 기술에 종속되지 않고, 기술을 활용해 더 높은 차원의 가치를 창출한다.

3. 생존 공식③ 관계도 구조다

서울 골목에서 일어난 작은 기적

서울 마포구의 한 골목에 자리한 '해피 베이커리'. 이 동네 빵집의 이야기는 흔한 자영업자의 생존기처럼 시작된다. 10년 넘게 동네 사람들의 아침을 책임져온 48세의 이승호 사장. 하지만 2022년 말, 길 건너편에 대형 프랜차이즈 빵집이 들어서면서 상황이 급변했다. 매출이 30% 이상 떨어졌고, 단골 고객들마저 하나둘 발길을 돌리기 시작했다.

"처음엔 정말 막막했어요. 가격을 낮추고, 신메뉴도 만들어보고 했는데, 다 일시적이더라고요."

이승호 사장은 할인 이벤트, SNS 마케팅, 신상품 개발과 같이 전형적인 대응을 시도했다.. 하지만 모든 노력이 물거품이 되는 것 같았다. 그러던 어느 날, 그에게 결정적인 깨달음이 찾아왔다.

'아, 나는 빵을 파는 게 아니구나. 관계를 파는 거구나.'

빵이 아니라 관계를 판다는 깨달음

이 순간부터 이승호 사장의 접근법은 완전히 달라졌다. 그는 더 이상 빵의 맛이나 가격에만 집중하지 않았다. 대신 고객과의 관계 자체를 '설계'하기 시작했다. '고객들이 내 빵집을 찾는 진짜 이유가 뭘까?'라고 스스로에게 물었다. 단순히 빵을 사려는 것인지, 아니면 다른 무언가를 찾는 것인지 말이다.

며칠간의 관찰 끝에 그는 흥미로운 패턴을 발견했다. 프랜차이즈 빵집의 등장에도 불구하고 여전히 자신의 가게를 찾는 고객들이 있었다. "여기 와야 하루가 시작되는 기분이에요"라며 매일 오전 7시 30분에 와서 단팥빵 2개와 우유를 사가는 김 회계사는 3년간 단 하루도 빠진 적이 없었다. 직접 반죽하는 모습을 보고서야 안심한다는 주부 박 씨는 "대형 빵집은 어디서 만든 건지 모르잖아요. 여기는 사장님이 직접 만드시니까 믿을 수 있죠"라고 말했다. 매주 토요일마다 딸과 함께 와서 케이크를 주문하는 한 아빠는 "딸이 다음 주 케이크를 벌써부터 기대해요. 여기 오는 게 우리만의 루틴이거든요"라고 했다.

이승호 사장은 이 패턴에서 중요한 통찰을 얻었다. 고객들이 진짜 원하는 것은 빵이 아니라 '신뢰'였다. 그리고 그 신뢰는 세 가지 요소로 구성되어 있었다. '신뢰=(일관성×투명성×예측성)'. 이 공식을 발견한 순간, 그는 경영 전략을 완전히 바꾸었다.

세 가지 원칙의 재설계

그는 먼저 '매일 같은 시간에, 같은 품질로, 같은 미소로' 일관성부터 설계했다. 이승호 사장은 일관성을 우연에 맡기지 않았다. 오전 6시 개점, 저녁 8시 마감이라는 영업 시간을 3년간 단 하루도 어기지 않았다. 연휴에도, 몸이 아플 때도 마찬가지였다.

빵의 품질도 표준화했다. 반죽 시간, 발효 온도, 구워내는 시점까지 모든 과정을 체크리스트로 만들어 관리했다. 심지어 고객을 맞이하는 인사말까지 일관성 있게 유지했다. "안녕하세요, 오늘도 좋은 하루 되세요!"라는 이 한 마디를 3년간 같은 톤, 같은 에너지로 유지했다. 고객들은 이 인사말을 들으면서 하루를 시작하는 것이 루틴이 되었다.

다음은 '보이는 것이 믿는 것이다'라는 투명성이었다. 이승호 사장은 빵 제조 과정을 완전히 오픈했다. 주방과 매장 사이의 벽을 허물고 유리창을 설치했다. 고객들은 빵이 만들어지는 전 과정을 실시간으로 볼 수 있었다. 재료의 원산지도 투명하게 공개했다. 매장 입구에 '오늘의 재료' 보드를 설치해 밀가루, 버터, 우유 등 주요 재료의 브랜드와 원산지를 매일 업데이트했다. 가격 정책도 투명하게 운영했다. 재료비 상승으로 빵 가격을 올릴 때도 고객들에게 미리 공지하고 이유를 설명했다.

마지막으로 '고객이 원하는 것을 그들이 원할 때 준비해 두기'라는 예측성의 시스템화였다. 이승호 사장은 고객 패턴을 데이터로 관리하기 시작했다. 단골 고객 30여 명의 방문 시간, 선호 메뉴, 구매 패턴을 수첩에 빼곡히 기록했다. 김 회계사가 오전 7시 30분에 올 것을 알기에, 7시 20분에는 그가 좋아하는 단팥빵을 진열대 앞쪽에 준비해 두었다. 주부 박 씨가 화요일마다 식빵을 사간다는 것을 알기에, 화요일 아침에는 식빵을 여분으로 더 구워 두었다. 이런 예측 가능한 서비스는 고객들에게 특별한 경험을 제공했다. '사장님이 내 취향을 기억해 주신다'는 느낌은 단순한 거래를 넘어 관계를 만들어냈다.

이 세 가지 원칙을 바탕으로 이승호 사장은 혁신적인 아이디어를 실행했다. "매일 아침 7시에 크로와상 2개와 카페 라떼 1잔을 준비해 드리겠습니다"라는 '빵 구독 서비스'였다. 고객들은 월 단위로 일정 금액을 결제하고, 원하는 시간에 맞춤형 빵과 음료를 받는 서비스였다. 이는 고객에게는 편의를, 이승호 사장에게는 예측 가능한 매출을 제공했다. '구독 서비스'는 신뢰 공식의 완벽한 구현체였다. 매일 같은 시간, 같은 품질로 제공하는 일관성, 사용할 재료와 제조 시점을 미리 공지하는 투명성, 고객이 원하는 것을 원하는 시간에 정확히 준비하는 예측성이 모두 들어 있었다.

2023년 말, 해피 베이커리의 매출은 프랜차이즈 입점 전보다 20% 더 증가했다. 더 놀라운 것은 고객 만족도였다. 구독 서비스 이용 고객의 재방문율은 95%를 넘었다. 그는 "처음엔 빵 맛으로 승부하려 했어요. 하지만 진짜 승부는 관계에서 나더라고요. 고객이 믿을 수 있는 구조를 만든 거죠"라고 말했다.

일상 관계에서의 신뢰 공식 적용

이승호 사장의 성공은 단순히 좋은 빵을 만든 데 있는 것이 아니었다. 그는 고객과의 관계 자체를 다시 설계했다. 감정이나 우연에 의존하지 않고, 체계적이고 예측 가능한 신뢰 구조를 만들어낸 것이다. 이 원리는 비즈니스에만 국한되는 것이 아니다. 우리는 일상의 모든 관계에서 '신뢰 공식'을 적용할 수 있다.

두 아이를 키우며 풀타임으로 일하는 37세의 워킹맘 최은정 씨도 같은 고민을 했다. 그녀는 늘 죄책감에 시달렸다. 아이들과 충분히 시간을 보내지 못한다는 자책, 남편과의 관계가 소원해진다는 불안감.

"아이들에게 더 많은 시간을 줘야 한다고 생각했어요. 그런데 시간의 양이 아니라 관계의 질이 중요하다는 걸 깨달았죠."

그래서 최은정 씨는 가족 관계에 신뢰 공식을 적용하기로 했다.

매주 일요일 오전 9시, 그녀는 온 가족이 함께 팬케이크를 만들어 먹는 시간으로 정했다. 회사 일이 있거나 피곤해도 이 약속만은 절대 어기지 않았다. 매일 저녁 8시 30분, 아이들과 10분씩 1:1 대화 시간도 만들었다. 스마트폰은 멀찍이 치워두고, 오롯이 아이에게만 집중하는 시간이었다. 아이들에게 엄마의 일정과 상황도 솔직하게 설명했다.

"오늘 엄마가 중요한 프레젠테이션이 있어서 좀 늦을 거야. 하지만 8시에는 반드시 집에 와서 너희와 저녁을 먹을게."

가족의 경제 상황도 아이들 수준에 맞게 투명하게 공유했다. 가족 전용 캘린더를 만들어 모든 일정을 공유했다. 아이들의 학교 행사, 부모의 출장, 가족 여행 등이 모두 표시되어 있어 누구나 다음에 무슨 일이 있을지 알 수 있었다.

"이제 아이들이 '엄마가 언제 올지 모르겠어'라고 불안해하지 않아요. 엄마가 약속을 지키고, 솔직하고, 예측 가능하다는 걸 알거든요."

IT 스타트업에서 팀장으로 일하는 32살의 김동현 씨도 팀 관리에 신뢰 공식을 적용했다. 매주 월요일 오전 10시에 팀 전체 회의, 실시간 프로젝트 대시보드 공개, 분기별 목표와 개인별 성장 계획 문서화 등이 그것이다.

"팀원들이 저를 개인적으로 좋아하는지는 모르겠어요. 하지만 저를 신뢰한다는 건 확실해요. 예측 가능하고 일관성 있는 시스템 안에서 일하니까요."

빌더처럼 관계를 설계하려면 구체적인 도구가 필요하다. 약속을 기록하고 이행 여부를 추적하는 시스템, 정기적으로 솔직한 소통을 하는 구조화된 시간, 관계의 각 당사자가 서로에게 무엇을 기대하는지 명확히 하는 기대치 매핑, 관계가 어떻게 발전하고 있는지 정기적으로 점검하는 피드백 루프 등이 그것이다.

 빌더는 관계를 감정의 영역에만 맡기지 않는다. 그들은 의도적으로 신뢰를 구축하는 구조를 설계한다. 개인적 매력이나 자연스러운 궁합에 의존하는 것이 아니라, 시스템적 접근을 통해 건강하고 지속 가능한 관계를 만들어내는 것이다. 관계는 우연이 아니라 설계의 결과다. 당신도 오늘부터 관계를 설계하는 빌더가 될 수 있다.

4. 생존 공식④
알고리즘으로 움직이는 팀워크

드라마 속에서 찾은 협업의 비밀

직장 드라마 〈미생〉의 한 장면. 장그래가 속한 팀은 초반 내내 갈등과 혼란의 연속이었다. 성격 차이, 업무 스타일 차이, 세대 차이 등 현실의 수많은 팀들이 겪는 문제와 똑같았다. 그들은 처음에 이런 문제를 '사람들 간의 화학반응'이나 '시간이 해결해 줄 문제'로 여겼다. 회식도 하고, 팀 빌딩도 하고, 서로를 이해하려고 노력했지만, 근본적인 변화는 없었다.

그런데 드라마 후반부에서 오 과장이 중요한 깨달음을 얻는다.

'팀워크는 우연히 만들어지지 않아. 설계되는 거야.'

그 순간부터 팀의 상호작용 방식, 의사소통 구조, 의사 결정 프로세스가 의도적으로 재설계되기 시작한다. 감정이나 개인적 호불호가 아닌, 명확한 '협업 알고리즘'이 만들어진 것이다. 그 결과, 장그래 팀은 회사에서 가장 효율적이고 혁신적인 팀으로 변모한다.

이것이 바로 빌더의 팀워크 접근법이다. 그들은 팀워크를 감정의 영역이 아닌, 설계의 영역으로 본다. 서울의 한 스타트업에서 개발팀을 이끄는 35살의 김태현 CTO가 바로 그런 경우다.

혼란에서 질서로: 협업 알고리즘의 탄생

김태현 CTO의 팀은 전형적인 스타트업 개발팀이었다. 디자이너, 프론트엔드 개발자, 백엔드 개발자, QA 엔지니어 등 각자 뛰어난 실력을 가진 인재들이었지만, 함께 일할 때는 문제가 많았다. 소통이 원활하지 않았고, 프로젝트 지연이 빈번했으며, 같은 일을 중복으로 하거나 아무도 하지 않는 일 등이 일어났다.

"처음엔 사람 문제라고 생각했어요. 성격이 안 맞거나, 소통 능력이 부족하거나… 그래서 팀 빌딩 활동도 하고, 회식도 자주 하고, 워크숍도 했죠."

하지만 효과는 일시적이었다. 분위기는 잠깐 좋아졌지만, 업무에서의 혼란은 계속됐다.

그러던 중 김 CTO는 한 가지 실험을 해보기로 했다.

'팀워크를 감정이나 화학반응에 맡기는 대신, 명확한 알고리즘으로 설계하면 어떨까?' 그는 팀의 모든 상호작용을 체계화하기 시작했다.

먼저 '역할 매트릭스'를 만들었다. 각 팀원의 주요 역할, 보조 역할, 관심 영역을 명확히 문서화했다. 이는 단순한 직무 기술서가 아니었다. "지현 씨는 UI/UX 디자인이 주전공이지만, 사용자 리서치에도 관심이 많고, 프론트엔드 개발 경험도 있어서 개발자와 소통이 원활하다"는 식으로 팀원들의 강점과 흥미를 종합적으로 고려한 '역량 지도'였다.

다음으로 '의사 결정 알고리즘'을 정의했다. "기능 변경은 PM이 최종 결정하되, 기술적 실현 가능성은 개발팀장이, 사용자 경험 관점은 디자이너가 반드시 검토한다", "긴급 버그 수정은 30분 내 팀장 판단으로 진행하되, 1시간 내 전체 팀에 공유한다"는 식으로 모든 결정 유형별로 누가, 언제, 어떤 데이터를 기반으로 결정할지를 명확히 정의했다.

'정보 흐름 회로'도 시각화했다. 이메일은 공식 기록용, 메신저는 즉시 응답이 필요한 업무용, 주간 회의는 진행 상황 공유용, 월간 회의는 전략 논의용 등으로 각 채널의 용도와 우선순위를 명확히 정의했다. 더 이상 '이 내용을 어디에 얘기해야 하지?'라고 고민할 필요가 없어졌다.

'피드백 루프'도 설계했다. 개인별 피드백은 격주 1:1 미팅에서, 프로젝트별 피드백은 스프린트 회고에서, 팀 전체 피드백은 월간 회고에서 하고, 각 피드백의 빈도, 형식, 후속 조치 프로세스도 모두 구조화했다.

마지막으로 '충돌 해결 프로토콜'을 만들었다. 의견 충돌이 발생했을 때 따를 수 있는 단계별 해결 프로세스였다. '1단계: 당사자간 직접 대화(30분), 2단계: 팀장 중재 하에 논의(1시간), 3단계: 데이터 기반 의사 결정(24시간 내)'와 같이 정했다. 이는 감정적 대응이 아닌, 구조화된 접근법을 제공했다.

시스템이 만들어낸 기적

이 협업 알고리즘을 도입한 후 팀의 변화는 놀라웠다. 프로젝트 지연이 70% 감소했고, 팀원 만족도는 42% 증가했다. 더 중요한 것은 이 시스템이 팀원들의 개인적 성향이나 감정 상태에 크게 의존하지 않고, 안정적으로 작동했다는 점이다. 이에 대한 김 CTO의 말이다.

"우리가 화학적으로 완벽하게 맞는 팀원들만 모을 수는 없어요. 하지만 어떤 팀원 구성에서도 효과적으로 작동하는 협업 시스템은 설계할 수 있습니다."

6개월 후, 새로 합류한 26살의 신입 개발자 이지우 씨의 경험이 이를 증명했다.

"처음 출근했을 때 정말 놀랐어요. 제가 뭘 해야 하는지, 누구에게 물어봐야 하는지, 어떻게 소통해야 하는지가 모두 명확했거든요. 다른 회사에서는 몇 주 동안 헤맸는데, 여기서는 첫날부터 바로 일할 수 있었어요."

팀원들 간의 개인적 관계도 개선되었다. 역설적이게도 업무를 체계화하자 사람들 사이가 더 편안해졌다. 이에 대한 29살 디자이너 박지현 씨의 말이다.

"업무에서 스트레스를 받지 않으니까 서로가 더 친근해졌어요. 예전에는 일 때문에 서로 짜증내고 그랬는데, 이제는 정말 동료로서 좋아하게 됐죠."

가정에서도 작동하는 협업 알고리즘

협업 알고리즘은 비즈니스 환경에만 적용되는 것이 아니다. 평범한 4인 가족인 박민수 씨 가정의 이야기를 보자.

그의 집은 매일 아침이 전쟁터였다. 두 아이를 학교에 보내고 부부가 출근하는 과정에서 누가 아이들을 깨우고, 누가 아침을 준비하고, 누가 등교를 도울지 등으로 매번 스트레스와 갈등이 발생했다. 이런 문제들은 매일 즉흥적으로 해결되었고, 자주 지각과 다툼으로 이어졌다.

"매일 아침마다 '너가 해', '내가 왜 또 해야 해' 이런 식으로 싸웠어요. 아이들도 스트레스 받고, 우리 부부도 하루를 기분 나쁘게 시작하고."

그래서 박민수 씨는 가족 회의를 열고 '아침 알고리즘'을 설계했다. 먼저 '역할 로테이션 시스템'을 도입했다. 아침 준비, 아이 깨우기, 등교 도우미 등의 역할이 주간 단위로 가족 구성원 간에 순환되도록 했다. 초등학교 5학년인 큰아이도 동생 깨우기, 식탁 정리하기 등의 역할을 맡았다.

'준비물 체크리스트' 시스템도 만들었다. 전날 저녁 9시, 모든 가족 구성원이 다음 날 필요한 준비물을 현관 옆 화이트보드에 체크하는 시스템이었다. '내일 체육복 필요', '프레젠테이션 자료 USB', '우산(비 예보)' 같은 식으로 적어두면 해당 담당자가 미리 준비했다.

'시간 트리거' 규칙도 정했다. '7시 30분이 되면 모든 전자기기를 끄고 함께 아침 식사를 시작한다', '8시 10분이 되면 모든 가족이 현관에 모여 최종 체크를 한다' 같은 절대적 시간 기준을 만들었다.

'문제 해결 프로토콜'도 준비했다. 예상치 못한 상황, 가령 아이가 아프거나, 갑작스러운 업무가 생기는 등의 일이 발생했을 때 누가, 어떻게 대응할지 미리 정의해 두었다. '아이가 아프면→엄마가 재택근무 가능한지 확인→불가능하면 아빠가 오전 반차→둘 다 불가능하면 외할머니께 연락' 같은 단계별 대응책이었다. 다음은 이에 대한 박민수 씨 아내 김영희 씨의 말이다.

"우리는 더 이상 매일 아침 즉흥적으로 대처하지 않아요. 미리 설계된 알고리즘에 따라 움직이죠. 이제 아침 시간은 훨씬 평화롭고 효율적이에요."

더 흥미로운 것은 이 시스템이 가족의 다른 영역으로도 확산되었다는 점이다. 주말 활동 계획, 가사 분담, 용돈 관리, 가족 행사 준비 등에도 비슷한 알고리즘적 접근을 적용하게 되었다. 다음은 박민수 씨의 깨달음이다.

"가족이라고 해서 모든 게 자연스럽게 해결될 거라고 생각했는데, 그게 아니더라고요. 사랑만으로는 부족해요. 구조가 있어야 사랑도 제대로 표현되죠."

빌더는 팀워크를 설계할 때 다음과 같은 핵심 원칙을 따른다.

첫째, 명시적인 것이 암시적인 것보다 낫다. 모든 것을 명확히 문서화하고 소통한다. 암묵적인 기대나 가정은 오해와 갈등의 원인이 된다.

둘째, 시스템이 개인보다 중요하다. 특정 개인의 능력이나 성향에 의존하는 것이 아니라, 누구나 그 안에서 효과적으로 협업할 수 있는 시스템을 만든다.

셋째, 인터페이스를 정의한다. 팀원 간, 팀 간 상호작용의 '인터페이스'를 명확히 정의한다.

넷째, 피드백 루프를 설계한다. 지속적인 개선이 가능하도록 피드백 수집, 분석, 적용의 순환 구조를 만든다.

마지막으로, 감정을 배제하지 않고 구조화한다. 감정을 무시하는 것이 아니라, 감정이 건설적으로 표현되고 처리될 수 있는 구조를 설계한다.

빌더는 팀워크를 우연이나 개인적 호감에 맡기지 않는다. 그들은 효과적인 협업이 일어날 수 있는 구조와 알고리즘을 의도적으로 설계한다. 이를 통해 안정적이고 지속 가능한 팀 성과를 만들어낸다. 좋은 팀워크는 우연이 아니라 설계의 결과다.

5. 생존 공식 매커니즘: 실패를 견디고 이기는 구조

넷플릭스 오리지널 시리즈 〈스타트업〉에서 여주인공 서달미는 여러 번의 실패 끝에 창업에 성공한다. 그런데 그녀의 성공 비결은 뛰어난 아이디어나 운이 아니었다. 심지어 '포기하지 않겠다'는 강한 의지도 아니었다. 그것은 '실패를 견디는 구조'를 만들어낸 데 있었다.

달미는 실패한 첫 번째 창업에서 완전히 무너지지 않았다. 사전에 '실패 시나리오', 즉 재정적 안전망, 다음 단계 계획, 학습한 교훈을 정리하는 시스템을 준비해 두었다. 이 구조 덕분에 그녀는 실패에서 빠르게 회복하고, 다음 도전을 할 수 있었다.

이것이 바로 빌더가 믿는 핵심 원리인 '의도는 작동하지 않는다, 메커니즘이 작동한다 Intention doesn't work, Mechanism works'이다. 그들은 실패를 피하려는 의지에 의존하지 않는다. 대신, 실패를 견딜 수 있는 메커니즘을 설계한다.

의지가 아닌 메커니즘으로 실패를 설계하다

서울의 한 코워킹 스페이스에서 만난 34살의 정 대표가 바로 그런 경우다. 세 번의 실패 끝에 성공적인 핀테크 스타트업을 일구어낸 그의 이야기는 많은 것을 시사한다.

"저는 실패를 두려워하지 않습니다. 왜냐하면 실패를 견딜 수 있는 메커니즘을 가지고 있기 때문이죠."

정 대표가 한 첫 마디다. 그의 첫 번째 창업은 O2O 플랫폼이었다. 1년 반 만에 망했다. 두 번째는 AI 챗봇 서비스로, 8개월 만에 문을 닫았다. 세 번째는 블록체인 기반 결제 시스템인데, 1년 만에 실패했다.

하지만 정 대표는 각각의 실패 후에도 6개월 안에 다시 일어섰다. 그의 비결은 '다시 일어설 거야'라는 의지가 아니었다. 처음부터 실패를 염두에 두고 메커니즘을 설계했기 때문이었다.

첫 번째 안전 장치는 '재정적 안전망'이었다. "저는 항상 18개월의 생존 자금을 확보합니다. 그래야 실패해도 다음을 준비할 시간이 있죠"라는 그는 각각의 도전 전에 '생존 기간'을 명확히 설정하고, 그 기간 동안 버틸 수 있는 자금을 확보했다. 이는 단순히 돈을 모아두는 것이 아니었다. 생활비 최소화, 부가 수입원 확보, 투자금과 생활비 분리 등 구체적인 재정 관리 시스템이었다.

두 번째는 '지식 저장소'였다. 모든 시도, 실험, 결과를 체계적으로 기록하는 시스템을 구축했다. "저는 실패의 패턴을 분석합니다. 같은 실수를 반복하지 않기 위해서죠"라는 그의 노션 페이지에는 실패한 프로젝트별로 상세한 기록이 남아 있었다. 왜 시작했는지, 어떤 가설을 세웠는지, 무엇을 검증했는지, 어디서 막혔는지, 무엇을 배웠는지 등 모든 것이 구조화되어 있었다.

세 번째는 '멘토 네트워크'였다. 그는 다양한 분야의 멘토들로 구성된 네트워크를 구축했다. "멘토들은 제가 실패에서 빠르게 학습하고 다음 단계로 나아갈 수 있게 도와줍니다"라는 그에게는 기술 멘토, 비즈니스 멘토, 투자 멘토, 개인 코치까지 각 영역별로 조언을 구할 수 있는 사람들이 있었다. 중요한 것은 이 네트워크를 성공했을 때가 아니라 실패했을 때 더 적극적으로 활용했다는 점이다.

네 번째는 '아이덴티티 분리'였다. "제 사업이 실패했다고 해서 제가 실패한 것은 아닙니다. 그것은 단지 하나의 실험일 뿐이죠"라는 그는 사업의 실패와 개인의 실패를 분리했다. 이는 단순한 마인드 세트가 아니라 구체적인 훈련의 결과였다. 매주 '개인 성장 일지'를 작성해 사업과 별개로 자신이 어떤 역량을 키우고 있는지 추적했다.

다섯 번째는 '신속한 피벗 메커니즘'이었다. "저는 매주 'Go/No-Go' 결정을 내립니다. 진행할지, 방향을 바꿀지, 아니면 중단할지를 데이터에 기반해 결정하죠"라고 말한 그는 실패의 징후가 보이면 빠르게 방향을 전환할 수 있는 의사 결정 구조를 만들었다. 미리 설정한 기준점(매출, 사용자 수, 시장 반응 등)에 도달하지 못하면 자동으로 검토 프로세스가 시작되었다.

일상에서의 실패 내성 메커니즘

정 대표의 실패 내성 메커니즘은 창업이나 거대한 프로젝트에만 적용되는 것이 아니다. 일상의 모든 도전에도 적용할 수 있다. 취업을 준비하는 24살의 대학생 이민지 양의 사례를 보자.

이민지 양은 여러 번의 면접 실패로 자신감을 잃었다. 각 실패를 개인적 좌절로 받아들였고, 점점 더 도전하기를 두려워했다. "면접에서 떨어질 때마다 '내가 부족한가 보다'라고 생각했어요. 그러다 보니 지원하는 것 자체가 무서워졌죠"라고 말한 그녀는 처음에는 '이번엔 꼭 성공하겠다'는 의지에만 의존했다. 하지만 의지는 금방 무너졌다.

그러다 그녀는 의지가 아닌 메커니즘으로 실패를 견딜 수 있는 구조를 설계하기로 했다. 먼저 '면접 일지' 시스템을 만들었다. 모든 면접 경험을 상세히 기록하고, 배운 점과 개선할 점을 분석했다. 그녀는 "어떤 질문을 받았는지, 어떻게 답변했는지, 면접관의 반응은 어땠는지 등 모든 걸 기록했어요. 그러니까 패턴이 보이더라고요"라고 말했다.

'탄력성 루틴'도 구축했다. 면접 결과와 상관없이 다음 날 반드시

수행할 자기 관리 활동 목록을 만들었다. 운동, 친구와의 만남, 취미 활동, 새로운 기술 학습 등이 포함되었다. "면접에서 떨어져도 할 일이 있으니까 완전히 무너지지 않더라고요. 오히려 '다음엔 더 잘할 수 있겠다'는 생각이 들었어요"라고 그녀는 회상했다.

'피드백 수집 시스템'도 만들었다. 면접관에게 직접 피드백을 요청하고, 멘토와 선배들에게 모의 면접 평가를 받았다. 그녀는 "피드백을 구하는 것도 체계적으로 했어요. '어떤 부분이 부족했는지', '어떻게 개선할 수 있는지' 구체적으로 물어봤죠"라고 전했다.

마지막으로 '성공 정의 재구성'을 했다. 취업이라는 결과만이 아니라, 면접 경험 자체, 새로운 사람들과의 만남, 자신에 대해 배우는 과정 등도 성공의 일부로 정의했다. 그녀는 "면접 하나하나가 다 학습이고 성장이라고 생각하니까 부담이 줄어들더라고요"라는 말로 일련의 과정을 정리했다.

이 시스템 덕분에 이민지 양은 실패에 더 탄력적으로 대응할 수 있었고, 결국 원하는 기업에 취업하는 데 성공했다. "이제 면접이 무섭지 않아요. 떨어져도 괜찮다는 걸 알거든요. 제 메커니즘이 있으니까요"라고 말하는 그녀는 자신감이 넘쳐 흘렀다.

다이어트마저 메커니즘으로 정복하다

여러 번의 다이어트 실패를 경험한 42살 주부 최영미 씨의 이야기도 흥미롭다. 그녀는 이번에는 다른 접근법을 시도했다. '의지력'이 아닌 '메커니즘'으로 다이어트 시스템을 설계한 것이다.

"이전에는 '이번엔 꼭 성공하겠다'는 마음가짐에 의존했어요. 하지만 의지력은 며칠 안 가더군요. 그래서 이번엔 의지력이 없어도 작동하는 메커니즘을 만들기로 했죠."

먼저 그녀는 '실패 예상 포인트 매핑'을 했다. 과거 다이어트가 실패했던 시점과 상황을 분석하고, 미리 대비책을 마련했다.

"스트레스를 받을 때 폭식을 하는 게 제 패턴이더라구요. 그래서 스트레스 상황별 대안 활동을 미리 정해 두었어요."

그러기 위해서 '80/20 규칙'을 적용했다. 100% 완벽한 이행이 아니라, 80% 성공을 목표로 했다. 이를 통해 작은 실패가 전체 시스템의 붕괴로 이어지지 않도록 했다.

"일주일에 한두 번 정도 계획에서 벗어나는 건 괜찮다고 생각했어요. 그 대신 나머지 날은 확실히 지키려고 했죠."

'데이터 중심 접근'도 했다. 체중이라는 단일 지표가 아니라, 에너지 수준, 수면의 질, 옷 맞음새, 운동 강도 등 다양한 지표를 추적했다.

"체중은 매일 변하잖아요. 그런데 다른 지표들을 보니까 꾸준히 개선되고 있다는 걸 알 수 있었어요."

마지막으로 '회복 프로토콜'을 구축했다. 계획에서 벗어났을 때 어떻게 다시 궤도에 올라올지 명확한 단계를 미리 정해 놓았다.

'폭식했다면→죄책감 갖지 않기→다음 끼니는 평소대로→그날 저녁 운동 30분 추가'와 같은 식이었다.

"이전에는 다이어트 프로그램을 따랐지만, 이제는 다이어트 메커니즘을 설계합니다. 의지력에 의존하지 않아요. 제 메커니즘은 의지력이 약해져도 작동하게 설계되었으니까요."

최영미 씨는 6개월 만에 목표 체중을 달성했을 뿐만 아니라, 1년 넘게 유지하고 있다.

빌더는 실패에 대해 독특한 원칙을 가지고 있다.

첫째, 실패는 피할 대상이 아니라 설계할 대상이다. 실패를 최소화하려는 의지보다, 실패로부터 최대한 배울 수 있는 메커니즘을 설계한다.

둘째, 실패의 비용은 속도로 상쇄한다. 빠르게 실패하고 빠르게 배우는 메커니즘이 있으면, 장기적으로 더 빠르게 성장한다.

셋째, 실패에 대한 감정적 반응은 메커니즘으로 관리할 수 있다. 실패 후 자기 관리와 회복을 위한 구체적인 루틴을 미리 설계한다.

넷째, 실패를 개인화하지 않는다. 실패는 당신의 정체성이 아니라, 당신이 시도한 접근법의 결과일 뿐이다.

마지막으로, 실패는 고립된 사건이 아닌 학습 메커니즘의 일부다. 각 실패를 개별적으로 보지 않고, 지속적인 학습 과정의 일부로 본다.

이런 원칙들을 바탕으로, 빌더는 실패를 두려워하지 않고 오히려 적극적으로 활용한다. 그들은 실패를 통해 더 빠르게 학습하고, 더 강력한 메커니즘을 구축한다. 실패는 끝이 아니라 시작이다. 더 나은 메커니즘을 설계하기 위한 귀중한 데이터일 뿐이다.

"의도는 작동하지 않는다, 메커니즘이 작동한다."

이것이 빌더가 실패를 대하는 철학이다. 의지력은 유한하지만, 잘 설계된 메커니즘은 무한하다.

4장

빌더의 라이프 전략

1. 시간-에너지 매트릭스: 하루를 재배치하는 기술

김 대리의 바쁘지만 빈 하루

김 대리는 또 다시 야근을 하고 있었다. 시계는 밤 10시를 가리키고 있었고, 사무실에는 그를 포함해 몇 명만 남아 있었다.

'오늘도 바쁘게 살았는데, 도대체 뭘 한 거지?'

그는 하루를 돌아봤지만 뚜렷한 성과가 생각나지 않았다. 매일 반복되는 이 패턴이 지겨웠다. 그때 옆 자리의 박 과장이 짐을 챙기며 말했다.

"김 대리, 혹시 시간 있으면 내일 점심 시간에 우리 회사의 커리어 컨설턴트 이은지 씨 만나 볼래? 요즘 빌더스 코드라는 걸 가르치는데, 너한테 도움될 것 같아."

"빌더스 코드요?"

"응, 일하는 방식을 바꾸는 거야. 나도 3개월 전부터 배우고 있는데 확실히 달라졌어. 같은 시간을 일해도 성과가 다르더라고."

다음 날 점심 시간, 김 대리는 회사 근처 카페에서 이은지 씨를 만났다. 30대 초반으로 보이는 그녀는 첫인상부터 남달랐다. 차분하면서도 에너지가 넘치는 느낌이었다.

"김 대리님, 박 과장님께 이야기 들었어요. 요즘 업무 패턴에 고민이 많으시다고요."

김 대리는 자신의 상황을 털어놨다. 매일 아침 9시에 출근해서 밤늦게까지 일하지만, 정작 중요한 프로젝트는 진전이 없고, 승진에서도 계속 밀린다는 것. 특히 최근에는 번아웃 증상까지 느끼고 있다고 말했다.

이은지 씨는 고개를 끄덕이며 말했다.

"전형적인 '바쁨의 함정'에 빠지셨네요. 시간은 많이 쓰지만 에너지는 잘못 쓰고 계신 거예요. 빌더스 코드는 바로 이런 문제를 해결하는 방법론이에요."

에너지의 발견: 시간은 공평하지 않다

"먼저 김 대리님의 하루를 정확히 분석해봐야 해요."

이은지 씨는 노트북을 꺼내며 말했다.

"지난주 월요일부터 금요일까지 어떻게 보냈는지 기억나세요?"

김 대리가 대략적으로 설명하자, 이은지 씨는 표를 그리기 시작했다.

"보세요, 김 대리님은 오전 9시부터 10시까지 이메일 확인하시죠? 그런데 이 시간대가 실제로는 김 대리님의 에너지가 가장 높은 시간이에요. 반대로 오후 3시경에 중요한 기획서 작성을 하시는데, 이때는 사람들의 에너지가 대부분 최저점에 달할 때거든요."

"그게 문제인가요?"

"큰 문제예요. 시간은 모두에게 공평하게 주어지지만, 에너지는 그렇지 않아요. 같은 1시간이라도 에너지가 높을 때와 낮을 때의 생산성은 3배까지 차이가 날 수 있어요."

이은지 씨는 김 대리에게 숙제를 내줬다. 2주간 시간대별로 자신의 집중력과 창의성 수준을 10점 만점으로 기록해보라는 것이었다. 매일 2시간마다 자신의 에너지 상태를 체크하고, 어떤 종류의 업무를 할 때 가장 효율적인지 관찰해보라고 했다.

김 대리는 처음에는 이런 기록이 과연 필요한지 의문스러웠다. 하지만 일주일이 지나자 놀라운 패턴을 발견하기 시작했다. 오전 8시부터 11시까지는 머리가 맑고 창의적인 아이디어가 잘 떠올랐다. 반면 점심 식사 후 1시부터 3시까지는 집중이 안 되고 멍한 상태였다. 그런데 오후 5시 이후에는 다시 에너지가 올라오는 것을 느꼈다.

2주 후, 다시 만난 김 대리는 흥미로운 패턴을 발견했다고 말했다.

"오전 8시부터 11시까지가 제일 집중이 잘 되고, 오후 1시부터 3시까지는 정말 멍해져요. 그런데 오후 5시 이후에는 다시 에너지가 올라오더라고요."

"바로 그거예요!"

이은지 씨가 환하게 웃으며 말했다.

"이제 이 패턴에 맞춰 업무를 재배치해봐야 해요."

새로운 하루의 설계

김 대리의 새로운 시간-에너지 매트릭스가 완성됐다.

* 오전 8~11시(고에너지): 가장 중요한 기획과 창의적 업무
  · 핵심 프로젝트 기획서 작성
  · 전략적 사고가 필요한 업무
  · 복잡한 문제 해결

* 오전 11~12시(중간에너지): 팀 미팅과 협업
  · 정기 회의 참석
  · 동료와의 브레인스토밍
  · 프레젠테이션

* 오후 1~3시(저에너지): 이메일 처리, 단순 업무
  · 이메일 확인 및 답장

· 자료 정리 및 분류

· 일정 관리

* 오후 3~5시(회복기): 자료 정리, 학습

· 업계 동향 파악

· 새로운 기술 학습

· 참고 자료 수집

* 오후 5~7시(재충전): 다음날 계획, 네트워킹

· 다음날 업무 계획 수립

· 동료들과의 비공식 대화

· 업무 관련 네트워킹

첫 주부터 김 대리는 변화를 체감했다.

"신기해요. 같은 일을 해도 훨씬 수월하고, 퀄리티도 좋아진 것 같아요."

가장 큰 변화는 아침 시간이었다. 예전에는 출근해서 먼저 이메일부터 확인하며 하루를 시작했는데, 이제는 커피 한 잔과 함께 가장 중요한 기획 업무부터 시작했다. 머리가 맑은 상태에서 핵심 업무를 처리하니 예전에 하루 종일 걸리던 일이 2시간 만에 끝났다.

점심 식사 후 나른한 시간에는 더 이상 중요한 기획서를 쓰려고 애쓰지 않았다. 대신 밀린 이메일을 정리하고, 자료를 분류하는 등 머리를 크게 쓰지 않아도 되는 일들을 했다. 에너지가 낮은 시간에 억지로 고강도 업무를 하지 않으니 스트레스도 줄고, 오후에 다시 에너지가 회복되는 것을 느꼈다.

한 달 후, 김 대리의 업무 효율성은 눈에 띄게 향상됐다. 같은 시간을 일해도 더 많은 성과를 냈고, 무엇보다 일에 대한 만족감이 높아졌다. 상사도 그의 변화를 알아챘다.

"김 대리, 요즘 기획서 퀄리티가 많이 좋아졌네. 무슨 비결이라도 있나?"

김 대리는 미소를 지으며 답했다.

"시간을 늘린 게 아니라, 시간과 에너지를 맞춘 거예요."

에너지 패턴의 과학

이은지 씨는 김 대리에게 시간-에너지 매트릭스의 과학적 근거를 설명해 주었다.

"우리 몸에는 '서카디안 리듬'이라는 24시간 주기의 생체시계가 있어요. 이 리듬에 따라 호르몬 분비, 체온, 혈압 등이 변하면서 우리의 인지 능력과 집중력도 달라지는 거죠."

대부분의 사람들은 아침에 코르티솔 수치가 높아지면서 각성도가 높아진다. 오전 10시경에 집중력이 최고조에 달하고, 점심 식사 후 1~3시경에는 체온이 낮아지며 졸음이 몰려온다. 그리고 저녁 6시경부터는 다시 집중력이 회복되기 시작한다.

"하지만 이것도 개인차가 있어요. 어떤 사람은 새벽 4시에 가장 창의적이고, 어떤 사람은 밤 11시에 집중력이 최고조에 달해요. 중요한 건 자신만의 패턴을 찾는 거예요."

김 대리는 자신의 에너지 패턴을 더 정확히 파악하기 위해 다양한 실험을 해봤다. 수면 시간을 30분씩 조정해보고, 점심 메뉴를 바꿔보고, 운동 시간을 다르게 해보면서 어떨 때 가장 좋은 컨디션이 되는지 관찰했다. 그리고 3개월간의 실험 결과, 김 대리만의 최적 루틴을 완성했다.

- 밤 11시 취침, 오전 6시 기상
- 기상 후 20분 가벼운 스트레칭
- 오전 7시 가벼운 아침 식사(탄수화물 적게)
- 오전 8시부터 핵심 업무 집중
- 점심 식사 후 15분 파워냅(낮잠)
- 오후 5시 이후 가벼운 운동 또는 산책

그리고 그는 다음과 같이 말했다.

"이제 제 하루가 완전히 달라졌어요. 에너지를 억지로 짜내려고 하지 않고, 자연스러운 리듬에 맞춰 일하니까 훨씬 지속 가능해요."

빌더는 시간 관리가 아닌 에너지 설계를 한다. 그들은 자신의 생체 리듬을 정확히 파악하고, 그에 맞춰 하루를 전략적으로 배치한다. 시간은 모두에게 공평하지만, 에너지를 다루는 방식은 저마다 차이가 난다. 당신도 오늘부터 시간이 아닌 에너지 중심으로 하루를 재설계해보자.

2. 실험 문화 구축 5단계

막다른 골목에서 만난 새로운 관점

한 달 후, 김 대리는 이은지 씨에게 새로운 고민을 털어놨다.

"에너지 매트릭스는 확실히 효과가 있어요. 그런데 새로운 프로젝트에서 계속 막히는 게 있어요. 시도는 해보는데 실패하면 너무 스트레스를 받아서 다음 시도를 못하겠어요."

김 대리가 맡은 신제품 마케팅 프로젝트는 3개월째 제자리걸음이었다. 여러 아이디어를 시도해봤지만, 모두 기대에 미치지 못했다. 상사의 눈치도 보였고, 팀원들의 시선도 부담스러웠다. 무엇보다 자신감이 바닥까지 떨어진 상태였다.

"혹시 김 대리님, 실패를 어떻게 생각하세요?"라고 이은지 씨가 물었다.

"실패요? 당연히 나쁜 거죠. 시간도 낭비하고, 회사에도 손해고."

"아, 실패에 대한 관점을 바꿔야겠네요"라고 이은지 씨가 새로운 접근법을 제안했다.

"김 대리님, 혹시 과학자들이 실험할 때 어떻게 하는지 아세요?"

"글쎄요, 가설을 세우고 실험해보고…."

"맞아요. 그런데 가장 중요한 건 실패해도 괜찮다는 거예요. 왜냐하면 실패도 중요한 데이터니까요. 김 대리님도 일을 실험처럼 접근해보세요."

실험 문화의 첫 번째 단계: 마이크로 실험 설계

이은지 씨는 김 대리에게 '실험 문화 5단계'를 가르쳐줬다. 첫 번째는 마이크로 실험 설계였다.

"지금 김 대리님이 고민하는 신제품 마케팅, 이걸 6개월짜리 대형 프로젝트로 보지 말고 2주 단위의 작은 실험들로 나눠봐요."

김 대리의 프로젝트는 신제품의 타깃 고객을 찾고, 효과적인 마케팅 메시지를 개발하는 것이었다. 이은지 씨는 이를 다음과 같은 작은 실험들로 나누어 보라고 제안했다.

〈1주차 실험: 고객 인터뷰 5건〉

· 가설: "20-30대 직장인이 주요 타깃일 것이다"

· 실험 방법: 각기 다른 연령대의 잠재 고객 5명과 20분씩 인터뷰

· 성공 기준: 3명 이상이 제품에 관심을 보이면 가설 유지

> **〈2주차 실험: 메시지 A/B 테스트〉**
> · 가설: "편의성을 강조한 메시지가 효과적일 것이다"
> · 실험 방법: 편의성 vs 경제성 메시지로 각각 50명에게 설문 조사
> · 성공 기준: 편의성 메시지의 관심도가 10% 이상 높으면 채택

"이렇게 작게 나누면 실패해도 큰 손실이 없어요. 1주일 실험이 실패해도 전체 프로젝트가 망가지는 게 아니라, 단지 다음 실험을 위한 정보를 얻은 거죠."

김 대리는 처음에는 이런 접근이 너무 느릴 것 같다고 생각했다. 하지만 막상 해보니 오히려 더 빨랐다. 작은 실험은 준비 시간이 적게 걸렸고, 결과도 빨리 나왔다. 무엇보다 실패에 대한 부담이 크게 줄었다.

두 번째 단계: 실패 기준 명확화

2주 후, 김 대리의 첫 번째 실험 결과가 나왔다. 5명의 인터뷰 중 20~30대는 2명만 관심을 보였고, 40대 2명이 더 높은 관심을 보였다. 예전 같으면 "실패했다"고 좌절했을 김 대리는 이번에는 달랐다.

"실패가 아니라 중요한 발견이네요! 타깃을 40대로 확장해서 다음 실험을 해봐야겠어요."

이은지 씨는 김 대리에게 두 번째 단계인 '실패 기준 명확화'의

중요성을 설명했다.

"실험 전에 미리 '어떤 결과가 나오면 이 방향을 포기할 것인지' 정해 두세요. 그럼 감정적이 아니라 객관적으로 판단할 수 있어요."

김 대리는 다음 실험을 설계할 때 명확한 기준을 세웠다.

- 실험: 40대 직장인 대상 심층 인터뷰
- 가설: "40대 직장인이 주요 타깃이다"
- 성공 기준: 10명 중 7명 이상이 '구매 의향 있음'이라고 응답
- 실패 기준: 10명 중 5명 미만이 구매 의향을 보이면 다른 연령대 탐색
- 피벗 기준: 6명이 관심을 보이면 메시지 조정 후 재실험

"이렇게 미리 기준을 정해 두니까 결과가 나와도 당황하지 않게 되네요. 마치 GPS가 있는 것처럼 다음에 어디로 가야 할지 명확해져요."

세 번째 단계: 데이터 수집 자동화

한 달간의 실험을 거치면서 김 대리는 또 다른 문제를 발견했다. 매번 수동으로 데이터를 정리하려니 시간이 많이 걸렸다. 이은지 씨는 세 번째 단계인 '데이터 수집 자동화'를 제안했다.

"김 대리님이 지금까지 수집한 모든 인터뷰, 설문, 피드백을 체계적으로 관리하는 시스템을 만들어보세요."

김 대리는 구글 폼으로 표준화된 인터뷰 양식을 만들고, 스프레드시트와 연동해서 실시간으로 데이터가 정리되도록 했다. 또한 매주 진행하는 실험의 결과를 자동으로 요약해주는 대시보드도 만들었다. 그러자 인터뷰를 마치자마자 즉시 데이터가 정리되고, 패턴과 트렌드를 한눈에 볼 수 있게 되었다.

"데이터를 정리하느라 시간 쓸 필요가 없어서 바로 다음 실험 설계에 집중할 수 있어요."

네 번째 단계: 주간 실험 리뷰

2개월이 지나면서 김 대리는 실험의 속도와 질이 크게 향상되었음을 느꼈다. 이은지 씨는 네 번째 단계인 '주간 실험 리뷰'를 도입했다.

"매주 금요일 오후 30분, 한 주의 실험 결과를 분석하고 다음 실험을 설계하는 시간을 가져보세요. 이건 심판의 시간이 아니라 학습의 시간이에요."

김 대리는 매주 금요일 오후 4시 30분을 '실험 리뷰 타임'으로 정했다. 그는 다음과 같은 질문들을 스스로에게 던지며 한 주를 돌아봤다.

- 이번 주 실험에서 가장 놀라운 발견은 무엇인가?
- 어떤 가설이 맞았고, 어떤 가설이 틀렸는가?

- 다음 주에 가장 궁금한 것은 무엇인가?
- 이번 주 실험 방법에서 개선할 점은?
- 새롭게 떠오른 가설은 무엇인가?

이 리뷰 시간을 통해 김 대리는 단순히 실험을 반복하는 것이 아니라, 매주 더 정교하고 효과적인 실험을 설계할 수 있게 되었다.

다섯 번째 단계: 실패 축하 의식

3개월째, 김 대리에게 큰 실패가 찾아왔다. 지금까지의 모든 실험 결과를 바탕으로 설계한 대형 캠페인 테스트가 완전히 실패한 것이다. 예상 반응률 5%를 기대했지만, 실제로는 0.5%에 그쳤다.

예전 같으면 며칠간 침울했을 김 대리였지만, 이번에는 이은지 씨가 가르쳐준 다섯 번째 단계 '실패 축하 의식'을 실행했다.

"중요한 실험이 실패로 판명날 때마다, 스스로에게 작은 선물을 해주세요. 실패를 축하하는 게 아니라, 비용을 지불한 만큼 얻은 귀중한 교훈을 축하하는 거예요."

김 대리는 퇴근 후 평소 가고 싶었던 책방에 들러 마케팅 관련 책을 한 권 샀다. 그리고 카페에 앉아 이번 실패에서 배운 점들을 정리했다.

- 온라인 설문과 실제 구매 행동 사이에는 큰 간극이 있다

- 40대 타깃이 맞지만, 접근 채널이 잘못되었다
- 메시지보다 제품 자체의 차별점이 부족하다
- 소규모 실험과 대규모 적용 사이의 가교 실험이 필요하다

"이번 실패로 100만 원어치 배웠네요."
김 대리는 씁쓸하면서도 뿌듯한 마음으로 중얼거렸다.

실험가로 거듭난 김 대리

6개월 후, 김 대리의 신제품 마케팅 프로젝트는 예상을 뛰어넘는 성과를 거두었다. 최종 캠페인의 반응률은 8.2%로 업계 평균의 4배에 달했다. 더 중요한 것은 김 대리 자신의 변화였다.

"이제 저에게 실패는 두려움의 대상이 아니라, 귀중한 데이터의 원천이에요. 실패를 통해 더 빠르게 배우고, 더 정확한 방향을 찾을 수 있다는 걸 알게 됐어요."

김 대리는 이제 팀에서 '실험왕'으로 불리게 되었다. 다른 팀원들도 그의 실험 문화에 관심을 보이기 시작했고, 점차 팀 전체의 업무 방식도 바뀌어 갔다.

"김 대리님의 비결이 뭐에요?"라고 신입 사원이 물었다. 그러자 그는 다음과 같이 말했다.

"별거 아니에요. 그냥 큰 프로젝트를 작은 실험들로 나누고, 실

패를 데이터로 바라보는 거죠. 그리고 매주 배운 점을 정리해서 다음 실험을 더 똑똑하게 설계하는 거고요."

　빌더는 실패를 두려워하지 않는다. 대신 실패를 빠르게 학습할 수 있는 시스템을 만든다. 마이크로 실험, 명확한 기준, 자동화된 데이터 수집, 주간 리뷰, 그리고 실패 축하까지 이 다섯 단계를 통해 당신도 모든 경험을 성장의 연료로 바꿀 수 있다. 그러니 당신도 오늘부터 실험가가 되어보자.

3. 크로스 적응력: 타 분야 아이디어 레버리지

막힌 아이디어, 예상치 못한 돌파구

6개월이 지나면서 김 대리는 확실히 달라졌다. 시간-에너지 매트릭스로 효율성이 높아졌고, 실험 문화로 실패를 두려워하지 않게 되었다. 하지만 새로운 벽에 부딪혔다. 아이디어가 고갈된 느낌이었다.

"요즘 창의적인 아이디어가 안 떠올라요. 계속 비슷한 생각만 하게 되네요."

김 대리는 이은지 씨에게 고민을 털어놨다. 회사에서 진행 중인 신규 서비스 기획에 참신한 아이디어가 필요했지만, 아무리 머리를 짜내도 뻔한 것들만 나올 뿐이었다.

이은지 씨는 웃으며 말했다.

"완벽한 타이밍이네요. 이제 크로스 적응력을 배울 때예요."

"크로스 적응력이요?"

"다른 분야에서 아이디어를 가져오는 능력이에요. 김 대리님이 하는 마케팅 업무에서 생각이 막혔다면, 완전히 다른 분야에서 힌트를 찾아보세요."

이은지 씨는 실제 사례를 들려줬다.

"벨크로 만드신 분 알아요? 개와 산책하다가 개털에 붙은 도꼬마리 씨앗을 보고 아이디어를 얻었대요. 토스도 금융을 게임처럼 만들어서 성공했죠. 가장 혁신적인 아이디어는 보통 경계를 넘나들 때 나와요."

자연에서 찾은 마케팅의 해답

그 주말, 김 대리는 이은지 씨의 조언에 따라 서울대공원에 갔다. 평소라면 그냥 산책으로 끝났을 텐데, 이번에는 다른 관점으로 자연을 관찰했다.

'여기서 마케팅에 적용할 수 있는 원리가 있을까?'

개미집 앞에서 한참을 지켜봤다. 개미들이 먹이를 찾아가는 과정이 흥미로웠다. 처음에는 무작정 이곳저곳을 돌아다니던 개미들이, 한 마리가 먹이를 찾으면 페로몬을 남기며 돌아갔다. 그러면 다른 개미들이 그 페로몬을 따라 같은 경로로 이동했다. 그렇게 시간이 지날수록 가장 효율적인 경로만 남고, 나머지는 자연스럽게 사라졌다.

"이거 바이럴 마케팅이랑 똑같네!" 하고 김 대리는 무릎을 쳤다.

그는 스마트폰 메모장에 급히 적기 시작했다. 개미의 페로몬 커뮤니케이션 방식을 고객 추천 시스템에 적용할 수 있을 것 같았다. 고객이 서비스를 이용하고 만족하면 자연스럽게 '페로몬 추천 인센티브'을 남기고, 다른 잠재 고객들이 그 경로를 따라 서비스에 유입되는 구조 말이다.

다음 주 월요일, 김 대리는 팀 회의에서 '개미 마케팅 모델'을 발표했다. 팀원들은 처음에는 어리둥절했지만, 구체적인 메커니즘을 듣자 점점 흥미를 보였다.

"기존 고객이 친구를 추천할 때마다 페로몬처럼 흔적을 남기는 거예요. 그 흔적이 강할수록 더 많은 사람들이 그 경로로 들어오는 거죠. 시간이 지나면 가장 효과적인 추천 경로만 남아서 자연스럽게 최적화되는 구조예요."

요리에서 배운 프로젝트 관리법

한 달 후, 김 대리는 또 다른 영감을 얻었다. 이번에는 요리 프로그램을 보다가였다. 미슐랭 스타 셰프가 복잡한 코스 요리를 만드는 과정이 놀라웠다. 수십 가지 재료와 조리법이 완벽한 타이밍에 조화를 이루는 모습이 마치 오케스트라 같았다.

"어떻게 이렇게 복잡한 걸 실수 없이 해낼까?"

궁금해진 김 대리는 요리 관련 책을 몇 권 사서 읽어봤다. 그곳에서 '미장플라스 mise en place'라는 개념을 발견했다. 요리를 시작하기 전에 모든 재료를 준비하고, 도구를 배치하고, 조리 순서를 정리하는 프랑스 요리의 기본 원칙이었다.

"이거 프로젝트 관리에 그대로 적용할 수 있겠네!"라며 김 대리는 다시 한 번 무릎을 쳤다. 그는 팀의 프로젝트 관리 방식을 요리의 미장플라스 원칙으로 재설계했다.

- 재료 준비 단계: 프로젝트에 필요한 모든 자료, 도구, 인력을 사전에 점검
- 도구 배치 단계: 협업 도구, 커뮤니케이션 채널, 문서 체계를 미리 정리
- 조리 순서 단계: 각 업무의 의존관계를 파악하고 최적의 진행 순서 설계
- 타이밍 관리 단계: 각 단계별 소요 시간을 정확히 측정하고 동기화

이 방식을 적용한 후 팀의 프로젝트 진행 속도는 30% 빨라졌다. 무엇보다 중요한 것은 중간에 발생하는 예상치 못한 문제들이 크게 줄어들었다는 것이다.

게임에서 발견한 고객 참여의 비밀

김 대리의 크로스 적응력 탐험은 계속됐다. 어느 날 지하철에서 스마트폰 게임을 하는 사람들을 유심히 관찰했다. 게임에 완전히 몰입한 채 시간 가는 줄 모르는 모습이 신기했다.

"도대체 게임의 어떤 요소가 사람들을 이렇게 빠져들게 만드는 걸까?"

김 대리는 게임 디자인 관련 책을 찾아 읽기 시작했다. 그곳에서 '점진적 목표 달성'과 '즉시 피드백'이라는 핵심 원리를 발견했다. 게임은 큰 목표를 작은 단계로 나누고, 각 단계를 달성할 때마다 즉시 보상을 준다. 그리고 다음 단계를 현재보다 조금만 어렵게 만들어서 도전 의욕을 유지시킨다.

"이걸 고객 경험에 적용하면 어떨까?"

김 대리는 회사의 고객 온보딩 프로세스를 게임화했다. 신규 고객이 서비스를 처음 사용할 때 복잡한 모든 기능을 한 번에 보여주는 대신, 작은 단계로 나누어 하나씩 달성하게 만들었다. 각 단계를 완료할 때마다 포인트, 뱃지, 할인 쿠폰 등 작은 보상을 제공했다.

결과는 놀라웠다. 신규 고객의 서비스 정착률이 기존 40%에서 75%로 증가했다. 고객들이 서비스를 어려워하거나 포기하는 대신, 마치 게임을 하듯 재미있게 익혀 나갔다.

음악에서 찾은 팀워크의 조화

어느 날 저녁, 김 대리는 우연히 오케스트라 공연을 보게 되었다. 수십 명의 연주자가 각자 다른 악기를 연주하면서도 완벽한 하모니를 만들어내는 모습에 감동을 받았다.

"지휘자는 모든 악기를 다 연주할 수 없을 텐데, 어떻게 전체를 조화롭게 이끌까?"

그는 집에 와서 오케스트라의 구조에 대해 찾아봤다. 지휘자는 개별 연주자에게 기술을 직접 가르치지는 않는다. 대신 전체적인 템포, 다이나믹, 해석을 제시하고, 각 섹션 간의 균형을 맞춘다. 각 연주자는 자신의 전문성을 발휘하면서도 전체의 흐름에 맞춘다.

김 대리는 이 원리를 팀 관리에 적용했다. 기존에는 팀원들의 세부 업무까지 일일이 관리하려 했는데, 이제는 전체적인 방향과 리듬만 제시하기 시작했다. 대신 각 팀원의 전문성을 신뢰하고, 서로 다른 역할들이 조화를 이루도록 중재하는 데 집중했다.

팀원들은 자율성이 높아지자 창의성도 함께 증가했다. 마치 오케스트라에서 연주자들이 각자의 해석을 더하면서도 전체 음악을 풍성하게 만들듯, 팀의 성과도 한층 풍부해졌다.

크로스 적응력을 키우는 일상 습관

6개월간의 크로스 적응력 훈련을 통해 김 대리는 완전히 새로운 사고방식을 갖게 되었다. 이은지 씨는 이를 체계화할 수 있는 일상 습관들을 제안했다.

"크로스 적응력은 하루아침에 생기는 게 아니에요. 매일 의도적으로 훈련해야 해요."

그 결과, 김 대리가 만든 크로스 적응력 개발 루틴은 다음과 같다.

> - **매일 15분 타 분야 탐험:** 점심 시간이나 출퇴근 시간에 자신의 전문 분야와 전혀 관련 없는 콘텐츠를 접한다. 유튜브, 팟캐스트, 뉴스, 블로그 등 매체는 다양하게.
> - **주간 원리 추출 연습:** 주말에 한 시간씩 그 주에 접한 타 분야 지식에서 핵심 원리를 뽑아내고, 자신의 업무에 적용할 수 있는 방법을 브레인스토밍한다.
> - **월간 실험 적용:** 매월 하나씩 타 분야에서 배운 원리를 실제 업무에 적용하는 작은 실험을 진행한다.
> - **분기별 네트워크 확장:** 3개월마다 완전히 다른 분야의 전문가 1명과 대화할 기회를 만든다. 온라인 세미나, 독서 모임, 네트워킹 이벤트 등을 활용.

1년 후, 김 대리는 회사에서 '아이디어 뱅크'로 불리게 되었다. 동료들은 막막한 문제에 부딪히면 김 대리에게 조언을 구했다. 그가 항상 예상치 못한 관점에서 신선한 해결책을 제시했기 때문이다. "김 대리님은 어떻게 이런 아이디어를 떠올리세요?" 하고 한 후배가 물었다. 이에 김 대리는 이렇게 답했다.

"별거 아니에요. 그냥 우리 분야 밖에서 답을 찾는 거죠. 자연, 예술, 스포츠, 요리 등 세상 모든 곳에 우리가 쓸 수 있는 원리가 숨어 있어요. 중요한 건 그걸 보는 눈을 기르는 거죠."

빌더는 자신의 전문 분야에만 갇혀 있지 않는다. 그들은 경계를 넘나들며 다양한 분야에서 영감을 얻는다. 개미의 페로몬에서 마케팅을, 요리의 미장플라스에서 프로젝트 관리를, 게임에서 고객 참여를, 오케스트라에서 팀워크를 배운다. 크로스 적응력은 창의성의 원천이자, 혁신의 엔진이다. 당신도 오늘부터 경계를 넘어서는 탐험을 적극적으로 시작해보자.

4. 루틴의 비율이 성과를 결정한다

승진에서 밀린 이유

1년이 지나면서 김 대리는 확실히 달라졌다. 에너지 매트릭스로 효율성이 높아졌고, 실험 문화로 혁신적인 아이디어들을 계속 만들어냈으며, 크로스 적응력으로 창의적 해결책의 대명사가 되었다. 동료들도 그의 변화를 인정했고, 상사도 그의 업무 성과에 만족했다. 하지만 김 대리는 또다시 반기 인사의 승진에서 탈락했다. 같이 입사한 동기 박 대리가 과장으로 승진하는 것을 보며 '도대체 뭐가 부족한 걸까?'라며 씁쓸함을 감출 수 없었다.

김 대리는 이은지 씨에게 이에 대한 고민을 털어놨다.

"업무 성과도 좋고, 팀 내에서도 인정받고 있는데, 왜 계속 승진에서 밀리는 걸까요?"

이은지 씨는 김 대리의 지난 1년간 활동을 찬찬히 들어본 후 말했다.

"김 대리님, 혹시 승진한 박 과장님과 비교해 보신 적 있나요? 똑같이 우수한 성과를 내는데, 왜 그분이 먼저 승진했을까요?"

김 대리는 잠시 생각해봤다. 박 과장은 업무 실력도 뛰어났지만, 다른 점도 많았다. 임원들과 관계도 좋았고, 다른 팀과 협업도 잘했으며, 후배들을 이끄는 리더십도 있었고, 새로운 기술이나 트렌드에 대한 이해도 높았다.

'아, 나는 실행 업무만 잘했구나'라며 김 대리는 비로소 깨달았다.

활동 분석: 나는 어디에 시간을 쓰고 있나?

이은지 씨는 김 대리에게 과제를 내줬다. 지난 한 달간 자신이 어떤 활동에 얼마나 시간을 썼는지 정확히 기록해보라는 것이었다. 김 대리는 2주간 자신의 모든 활동을 추적했다. 결과를 분석해보니 충격적인 패턴이 드러났다.

- 실행 업무: 70%(이메일 처리, 보고서 작성, 데이터 분석, 고객 응대)
- 전략 기획: 15%(프로젝트 계획 수립, 방향성 설정)
- 팀 소통: 8%(회의 참석, 동료와의 업무 논의)
- 학습 성장: 5%(새로운 스킬 학습, 외부 세미나 참석)
- 관계 구축: 2%(타 부서와의 네트워킹, 멘토링)

"저는 하루의 70%를 실행 업무에 쓰고 있었네요"라며 김 대리는 놀랐다.

이은지 씨는 고개를 끄덕였다.

"이제 박 과장님과 비교해볼까요?"

그녀는 미리 준비한 자료를 꺼냈다. 승진 전 박 과장의 시간 배분을 분석한 결과였다.

〈박 과장의 시간 배분〉
- 실행 업무: 45%
- 전략 기획: 25%
- 팀 소통: 15%
- 학습 성장: 10%
- 관계 구축: 5%

"보세요, 박 과장님은 실행 업무 비중이 45%에 불과해요. 대신 전략적 사고와 리더십에 더 많은 시간을 투자했죠."

김 대리는 충격을 받았다.

"그런데 박 과장도 성과는 저와 비슷했는데요?"

"바로 그게 포인트예요. 같은 성과라면, 더 전략적이고 리더십을 보여준 사람이 승진하는 거죠. 김 대리님은 뛰어난 실행자지만, 회사에서는 전략가이자 리더를 원하고 있어요."

라이프 전체의 비율 점검

이은지 씨는 김 대리에게 업무뿐만 아니라 삶 전체의 비율도 점검해보자고 제안했다.

"승진은 단순히 업무 능력만으로 결정되지 않아요. 전체적인 삶의 균형과 성숙도도 영향을 미치죠."

김 대리는 하루 24시간을 다음과 같이 분석해봤다.

- 수면: 6시간(25%)
- 업무: 10시간(42%)
- 통근: 2시간(8%)
- 식사: 1.5시간(6%)
- 운동 / 건강: 0.5시간(2%)
- 가족 / 연인: 1시간(4%)
- 자기계발: 1시간(4%)
- 휴식 / 여가: 2시간(8%)

"운동과 인간관계에 투자하는 시간이 너무 적네요."

이은지 씨가 지적했다.

"회사에서 리더로 인정받으려면 체력과 대인관계 능력이 중요한데, 이 영역들이 부족해 보여요."

김 대리는 최근 몇 년간 운동을 거의 하지 않았고, 동료들과 사적인 만남도 별로 하지 않았음을 인정했다. 야근이 많아지면서 개인적인 시간 관리가 무너진 것이었다.

"그리고 자기계발 시간도 재점검이 필요해요. 어떤 종류의 학습을 하고 계신가요?"

김 대리는 대부분 업무와 직접 관련된 기술적인 학습만 하고 있다고 답했다. 마케팅 툴 사용법, 데이터 분석 방법 등이었다.

"그것도 중요하지만, 리더십, 커뮤니케이션, 전략적 사고 같은 소프트 스킬 학습이 부족해요. 승진을 원한다면 이런 영역에 더 투자해야 해요."

새로운 라이프 디자인

이은지 씨와 함께 김 대리는 새로운 삶의 비율을 설계했다. 목표는 단순히 승진이 아니라, 더 균형 잡힌 성장과 지속 가능한 성과였다.

〈새로운 업무 시간 배분〉

· 실행 업무: 50% (20% 감소)

· 전략 기획: 25% (10% 증가)

· 팀 소통: 15% (7% 증가)

· 학습 성장: 7% (2% 증가)

· 관계 구축: 3% (1% 증가)

이를 위해 김 대리는 다음과 같이 구체적인 변화를 실행했다.

- **실행 업무 효율화:** 자동화 도구 도입과 업무 프로세스 개선으로 같은 성과를 더 적은 시간에 달성
- **전략적 사고 시간 확보:** 매일 아침 30분, 매주 금요일 오후 2시간을 전략 기획 전용 시간으로 블록
- **팀 커뮤니케이션 강화:** 주 1회 팀원들과 1:1 미팅, 월 1회 타 부서와 협업 회의 주도
- **체계적 학습:** 업무 관련 기술 학습(70%)과 리더십 / 커뮤니케이션 학습(30%)의 비율 설정

그리고 다시 재조정한 24시간의 루틴은 다음과 같았다.

〈새로운 일상 시간 배분〉

- 수면: 7시간(29%) – 1시간 증가로 컨디션 개선
- 업무: 9시간(38%) – 1시간 줄이되 효율성으로 성과 유지
- 통근: 2시간(8%) – 통근 시간을 학습 시간으로 활용
- 식사: 1.5시간(6%) – 동료들과 식사 빈도 증가
- 운동 / 건강: 1시간(4%) – 주 3회 운동 루틴 도입
- 가족 / 연인: 2시간(8%) – 관계 투자 시간 2배 증가

- 자기계발: 1시간(4%) – 내용의 질적 개선
- 휴식/여가: 0.5시간(2%) – 효율적 휴식으로 시간 단축

새로운 설계로 인한 커다란 변화

6개월 후의 변화

새로운 비율로 생활한 지 6개월 후, 김 대리의 변화는 놀라웠다. 업무 측면에서는 실행 업무 시간을 줄였음에도 불구하고 성과는 오히려 향상되었다. 전략적 사고 시간을 늘린 덕분에 더 효율적인 업무 방식을 찾아냈고, 팀 커뮤니케이션을 강화한 결과 협업 효과가 크게 증가했다. 특히 그가 주도한 크로스 부서 프로젝트가 대성공을 거두면서 임원들이 그를 주목하기 시작했다. 이는 관계 구축에 투자한 시간이 만들어낸 결과였다.

개인적 측면에서도 큰 변화가 있었다. 규칙적인 운동으로 체력이 향상되어 업무 집중력이 높아졌다. 가족과의 시간을 늘린 결과 스트레스가 줄어들고, 정서적 안정감도 생겨났다. 이는 업무에서 더 차분하고 신뢰할 만한 모습으로 이어졌다.

리더십과 커뮤니케이션 학습에 투자한 시간도 빛을 발했다. 그는 팀 내에서 자연스럽게 의견을 조율하고 방향을 제시하는 역할을 하게 되었다. 그리고 후배들도 그를 멘토로 여기기 시작했다.

다음 인사의 결과

1년 후 정기 인사에서 김 대리는 드디어 과장으로 승진했다. 그뿐 아니라 신설 팀의 팀장으로도 발탁되었다. 승진 발표 후 상사가 김 대리를 불러 말했다.

"김 과장, 지난 1년간 정말 많이 달라졌어. 예전에는 뛰어난 실무자였다면, 이제는 전략을 보고 팀을 이끌 수 있는 리더가 되었어. 특히 다른 부서와의 협업 능력과 후배들을 이끄는 모습이 인상적이었어."

김 대리는 이은지 씨에게 감사 인사를 전했다.

"단순히 더 열심히 일하는 게 답이 아니었군요. 시간과 에너지를 어디에 얼마나 배분하느냐가 이런 결과를 만들었네요."

"그래요. 빌더의 핵심은 '무엇을 하느냐'가 아니라 '어떤 비율로 하느냐'에 있어요. 같은 24시간도 어떻게 설계하느냐에 따라 완전히 다른 결과를 만들어내죠."

라이프 전략으로서의 비율 설계

김 대리의 사례는 단순한 시간 관리를 넘어 '라이프 전략'의 중요성을 보여준다. 빌더는 자신의 인생을 하나의 포트폴리오로 보고, 각 영역에 전략적으로 시간과 에너지를 배분한다. 일의 영역에서는 실행과 전략, 개인 성과와 팀 성과, 단기 결과와 장기 성장의 균형을 맞춘다. 삶의 영역에서는 일과 휴식, 개인 시간과 관계 시간, 현재의 즐거움과 미래의 투자 사이의 균형을 설계한다. 성장의 영역에서는 전문성 개발과 인간적 성숙, 하드 스킬과 소프트 스킬, 깊이와 폭의 균형을 추구한다.

이은지 씨는 마지막으로 김 과장에게 조언했다.

"승진은 목표가 아니라 과정이에요. 앞으로도 계속 자신의 비율을 점검하고 조정해 나가세요. 부장, 이사 또는 다른 커리어 방향으로 전환하려면, 또 다른 방식의 변화가 필요할 거예요."

빌더는 인생을 시행착오의 연속이 아니라 의도적 설계의 결과로 만든다. 그들은 자신의 시간과 에너지가 어디로 흘러가는지 정확히 파악하고, 원하는 결과를 만들어내는 최적의 비율을 찾아간다. 당신도 오늘부터 자신의 라이프 비율을 점검하고 재설계해보면 어떨까.

5. 미세한 1% 구조 변경이 99%의 차이를 만든다

과장이 된 후의 새로운 고민

김 대리가 과장으로 승진한 지 3개월. 개인 성과를 내는 것과 팀을 이끄는 것은 완전히 다른 영역이었다. 5명의 팀원을 관리하게 되면서 예상치 못한 문제들이 속출했다. 팀 회의는 길어지기만 했고, 프로젝트 진행은 예상보다 느렸으며, 팀원들 간 소통 문제도 빈번히 일어났다.

"개인 플레이어에서 팀 리더가 되는 건 정말 어렵네요."

김 과장은 이은지 씨에게 고민을 털어놨다.

"큰 변화를 시도하려고 하니까 팀원들이 부담스러워하고, 그렇다고 아무것도 안 하자니 현상 유지만 되는 것 같아요."

이은지 씨는 미소를 지으며 말했다.

"완벽한 타이밍이네요. 이제 1% 개선의 마법을 배울 때예요."

"1% 개선이요?"

"매일 작은 개선을 하는 거예요. 1%씩 365일 개선하면 1.01의 365제곱, 즉 37.8배가 좋아져요. 반대로 매일 1%씩 나빠지면 0.99의 365제곱이 되어서 거의 0에 가까워지고요. 수학적으로 증명된 복리의 힘이예요."

회의부터 시작한 작은 혁명

김 과장은 팀에서 가장 문제가 많았던 회의부터 개선하기로 했다. 매주 월요일 팀 회의는 항상 2시간을 넘겼고, 결정되는 것도 별로 없었다. 하지만 갑자기 회의 방식을 완전히 바꾸면 팀원들이 저항할 것 같아 1주 차에는 아주 작은 것부터 시작해보기로 했다. 그 과정을 간략하게 설명하면 다음과 같다.

〈1주 차 개선(1%): 회의 시작 전 의제를 미리 공유하기〉

매주 일요일 저녁, 김 과장은 다음날 회의 의제를 팀 채널에 올렸다. 각 의제별로 예상 소요 시간과 기대하는 결과물을 함께 적었다. 작은 변화였지만 효과는 즉시 나타났다. 팀원들이 미리 생각해오니 회의 진행이 훨씬 수월해졌다.

〈2주 차 개선(1%): 30분 이하 회의는 서서 하기〉

김 과장은 "15분이면 끝날 것 같은 건 서서 얘기해볼까요?"라며 짧은 안건들은 모두 서서 논의하자고 제안했다. 처음에는 어색했지만, 확실히 불필요한 잡담이 줄어들고 핵심만 다루게 되었다.

〈3주 차 개선(1%): 실시간 회의록 작성〉

매 회의마다 한 명씩 돌아가면서 실시간으로 결정 사항을 문서화하도록 했다. 노트북으로 타이핑하면서 회의를 진행하니 애매한 결론으로 끝나는 일이 사라졌다. "지금 제가 적고 있는 게 맞나요?"라고 중간중간 확인하자 더 명확한 결정이 이루어졌다.

〈4주 차 개선(1%): 각자의 담당 업무와 마감일 명시〉

회의 마지막 5분은 항상 '누가, 언제까지, 무엇을 할 것인가'를 정리하는 시간으로 정했다. 화이트보드에 담당자와 마감일을 적고 사진을 찍어 공유했다. 그러자 책임감이 커지고, 실행력도 높아졌다.

〈8주 차 개선(1%): 회의 없는 수요일 도입〉

매주 수요일은 회의 없는 날로 정했다. 팀원들이 온전히 자신의 업무에 집중할 수 있는 시간을 확보해준 것이다.

〈12주 차 결과: 놀라운 변화〉

3개월 후, 팀 회의 시간은 평균 2시간에서 45분으로 줄어들었다. 하지만 더 중요한 건 회의의 질이었다. 결정 사항 이행률이 40%에서 90%

> 로 상승했고, 팀원들의 회의 만족도도 크게 향상되었다.

그러자 팀원 중 한 명이 이렇게 말했다.
"각각은 정말 작은 변화였는데, 누적되니까 완전히 다른 회의가 되었네요."

개인 루틴의 1% 혁신

회의 개선의 성공에 힘입어 김 과장은 자신의 개인 루틴에도 1% 개선을 적용해보기로 했다. 팀장이 되면서 업무량이 늘어나 개인 시간 관리가 더욱 중요해졌기 때문이다.

〈출근 루틴 개선〉
- 1주 차: 지하철에서 스마트폰 대신 팟캐스트 듣기(뇌 활성화)
- 2주 차: 사무실 도착 후 5분간 하루 계획 정리하기
- 3주 차: 첫 30분은 가장 중요한 업무부터 시작하기
- 4주 차: 이메일 확인 시간을 하루 3회로 제한하기

〈점심 시간 개선〉
- 1주 차: 점심 식사 후 5분간 산책하기
- 2주 차: 주 1회는 다른 부서 사람과 점심 먹기

- 3주 차: 점심 시간 15분을 독서나 학습에 투자하기
- 4주 차: 스마트폰 없이 식사하며 깊게 생각하는 시간 갖기

〈퇴근 전 루틴 개선〉
- 1주 차: 퇴근 30분 전 다음날 중요 업무 3가지 정리하기
- 2주 차: 책상 정리를 5분 이내로 완료하기
- 3주 차: 그날의 성과와 배운 점 1줄로 기록하기
- 4주 차: 미완료 업무는 구체적인 다음 액션과 함께 기록하기

각각은 미미한 변화였지만, 3개월 후 김 과장의 하루는 완전히 달라져 있었다. 같은 시간을 일해도 더 많은 성과를 냈고, 스트레스도 크게 줄어들었다.

팀 문화의 점진적 변화

개인 루틴과 회의 시스템의 성공을 보고, 김 과장은 팀 전체 문화에도 1% 개선을 적용해보기로 했다. 하지만 이는 좀 더 신중히 접근해야 했다. 사람들의 습관과 문화를 바꾸는 것은 개인 루틴보다 훨씬 복잡하기 때문이었다.

〈소통 문화 개선〉

- 1주 차: 매일 아침 5분간 어제의 작은 성과 공유하기
- 2주 차: 문제 제기할 때 반드시 해결 아이디어도 함께 제시하기
- 3주 차: 칭찬과 피드백을 구체적인 행동 중심으로 표현하기
- 4주 차: 매주 한 명씩 돌아가며 새로 배운 것 공유하기

〈협업 방식 개선〉
- 1주 차: 업무 요청 시 우선순위와 마감일 명시하기
- 2주 차: 진행 상황을 3단계(계획중/진행중/완료)로 구분해서 표시하기
- 3주 차: 막힌 일이 있으면 24시간 내에 도움 요청하기
- 4주 차: 프로젝트 완료 후 5분간 배운 점 정리해서 공유하기

〈학습 문화 개선〉
- 1주 차: 매월 한 명씩 외부 세미나나 강의 참석하기
- 2주 차: 새로 배운 스킬이나 도구를 팀원들에게 15분간 공유하기
- 3주 차: 실패 사례도 성공 사례만큼 적극적으로 공유하기
- 4주 차: 분기별로 팀 전체가 도전할 새로운 실험 하나씩 정하기

6개월 후의 놀라운 결과

1% 개선을 시작한 지 6개월 후, 김 과장의 팀은 회사에서 가장 주목하는 팀 중 하나가 되었다. 객관적인 성과 지표들이 이를 증명했다.

- 프로젝트 완료 속도: 30% 향상
- 팀원 만족도: 75점에서 92점으로 상승
- 타 부서와의 협업 평가: 회사 내 1위
- 혁신 아이디어 제안 건수: 전년 대비 400% 증가
- 팀원들의 승진/이동 희망률: 85%에서 15%로 감소

더 놀라운 건 이 모든 변화가 어떤 극적인 개혁이나 대규모 구조조정 없이 이루어졌다는 점이었다. 그저 매주 1%씩의 작은 개선이 쌓여 만들어낸 결과였다.

"처음에는 1%가 너무 작다고 생각했어요."

김 과장은 이은지 씨에게 말했다.

"하지만 그게 바로 비밀이었네요. 작으니까 거부감 없이 모두가 받아들일 수 있었고, 지속 가능했어요."

다른 팀으로 확산되는 1% 문화

김 과장 팀의 성공은 곧 다른 팀의 관심을 받게 되었다. 다른 팀장들이 노하우를 물어보기 시작했고, 임원들도 이 방법론에 주목했다.

"김 과장, 당신 팀의 비결이 뭔가?" 하고 부장이 물었다.

"특별한 건 없습니다. 그냥 매주 아주 작은 것 하나씩 개선하는

거예요. 중요한 건 일관성이고요."

김 과장은 다른 팀장들에게도 1% 개선의 원칙을 공유했다.

- 원칙1: 변화는 눈에 띄지 않을 정도로 작게 시작한다
- 원칙2: 한 번에 하나씩만 바꾼다
- 원칙3: 최소 2주는 지속한 후 다음 변화를 시도한다
- 원칙4: 팀원들의 피드백을 적극 수용한다
- 원칙5: 실패한 변화는 과감히 되돌린다

그러자 3개월 후, 회사 전체에 '1% 개선 문화'가 확산되기 시작했다. 각 팀이 자신들만의 방식으로 작은 개선들을 시도하자 전체적인 조직 문화가 점진적으로 변화했기 때문이다.

개인 삶에까지 확장된 1% 철학

김 과장은 1% 개선을 개인 삶에도 적용해보기로 했다. 승진 후 더 바빠진 일상에서 건강과 가족 관계를 챙기는 것이 중요해졌기 때문이었다.

〈건강 관리〉
- 1주 차: 엘리베이터 대신 계단 이용하기

- 2주 차: 점심 후 5분간 스트레칭하기
- 3주 차: 주말 30분 산책 습관 만들기
- 4주 차: 금요일 저녁 헬스장 30분 운동하기

〈가족 관계〉

- 1주 차: 퇴근 후 스마트폰 보기 전에 먼저 가족과 인사하기
- 2주 차: 주말 아침 가족과 함께 아침 식사하기
- 3주 차: 한 달에 한 번 가족과 새로운 장소 가기
- 4주 차: 매일 잠들기 전 가족에게 고마웠던 일 한 가지씩 말하기

〈자기계발〉

- 1주 차: 출퇴근 시간에 오디오북 듣기
- 2주 차: 주말 30분 새로운 온라인 강의 수강하기
- 3주 차: 매월 새로운 사람 한 명과 커피 미팅 갖기
- 4주 차: 분기별로 자신의 성장을 돌아보는 시간 갖기

1년 후, 김 과장의 삶은 전체적으로 달라져 있었다. 업무 성과는 향상되었고, 건강도 좋아졌으며, 가족 관계도 더욱 돈독해졌다. 무엇보다 이 모든 변화가 스트레스나 부담 없이 자연스럽게 이루어졌다는 점이 놀라웠다.

"1% 개선의 가장 큰 장점은 지속 가능하다는 거예요."

김 과장은 이은지 씨에게 말했다.

"급격한 변화는 며칠 못 가지만, 1%는 습관이 되어서 평생 갈 수 있어요."

빌더의 1% 철학

이은지 씨는 김 과장에게 마지막 조언을 해줬다.

"1% 개선이 강력한 이유는 복리 효과 때문만이 아니에요. 사람의 심리적 저항을 최소화하면서도 지속적인 발전을 만들어내기 때문이죠."

빌더는 극적인 변화보다 지속 가능한 진화를 선택한다. 그들은 하루아침에 모든 것을 바꾸려 하지 않는다. 대신 매일 1%씩, 미세하지만 일관된 개선을 통해 장기적으로 거대한 변화를 만들어낸다.

〈1% 개선의 힘〉
- 저항이 적어 시작하기 쉽다
- 실패해도 큰 손실이 없다
- 습관화되기 쉽다
- 복리 효과로 기하급수적 성장이 가능하다
- 지속 가능하다

"위대한 변화는 하루아침에 일어나지 않습니다."

이은지 씨가 말했다.

"그것은 매일의 작은 선택들이 쌓여 만들어내는 모멘텀의 결과죠. 김 과장님도 이제 진정한 빌더가 되었어요."

당신도 오늘부터 1% 개선을 시작해보자. 거창한 변화가 아닌 작은 개선으로 시작하는 것. 그것이 빌더가 되는 첫 번째 단계다.

5장

빌더스 코드 커리어 전략

1. 3-Layer 포트폴리오 전략
(기초 / 성과 / 성장 예측)

AI 시대, 설계하는 사람이 살아남는다

7년 차 개발자 박준혁 씨는 새벽 5시부터 이력서를 수정하고 있었다. '기술 스택: Java, Python, JavaScript, React, Node.js….' 그는 자신의 스킬 목록을 보며 한숨을 쉬었다. 화면 속 글자들이 다른 수백 명의 개발자와 어떻게 다른지 설명하기가 어려웠다. 7년간 성실히 일했지만, 왜 이렇게 평범해 보이는 걸까?

같은 시간, 이름도 들어본 적 없는 스타트업에서 일하는 정유진 씨는 자신의 포트폴리오를 업데이트하고 있었다. 그녀의 화면에는 '레거시 시스템 재설계 프로젝트: 고객 지원 워크 플로 최적화를 통한 응답 시간 67% 단축 및 직원 만족도 40% 향상'이라는 제목의 사례 연구가 있었다. 그녀는 기술 스택보다 문제 해결 접근법과 시스템 설계 능력을 중심으로 자신의 이야기를 구성하고 있었다.

6개월 후, 박준혁 씨는 여전히 새로운 기회를 찾고 있었다. 하지만 정유진 씨는 대기업의 디지털 혁신팀에서 이전 연봉보다 70% 인상된 제안을 받았다. 무엇이 이 두 사람의 커리어 경로를 이렇게 다르게 만들었을까?

답은 간단했다. 하나는 '스킬 목록'을 가진 실행자였고, 다른 하나는 '설계 능력'을 가진 빌더였다는 것이다. AI 시대로 진입하면서 단순 실행 능력과 지식 기반 역량의 가치는 급격히 하락하고 있다. 누구나 ChatGPT에게 코드 작성을 요청할 수 있고, 미드저니에게 디자인을, Claude에게 마케팅 전략을 물어볼 수 있는 시대다. 이런 환경에서 진정한 차별점은 '무엇을 실행할지 설계하는 능력'에서 나온다.

김 팀장의 새로운 고민

김 팀장이 글로벌 기업에서 일한 지 1년이 지났다. 그는 업무 부문은 확실히 성장했지만, 커리어 전체를 놓고 보면 여전히 막막했다.

"제가 5년 후에는 어디에 있을까요? 그리고 10년 후에는 뭘 하고 있을까요?"

그러자 이은지 씨가 새로운 관점을 제시했다.

"김 팀장님, 지금까지 우리가 일하는 방식을 설계했다면, 이제는 커리어 자체를 설계해볼 때예요."

"커리어를 설계한다는 게 무슨 뜻인가요?"

"대부분의 사람들은 커리어를 '일어나는 것'으로 생각해요. 기회가 주어지면 잡고, 승진 기회가 오면 지원하고. 하지만 빌더는 커리어를 '만들어 가는 것'으로 봐요. 마치 제품을 설계하듯이 자신의 커리어를 의도적으로 구축하는 거죠."

이은지 씨는 김 팀장에게 '커리어 MVP Minimum Viable Professional' 개념을 소개했다. "스타트업에서 제품을 만들 때 MVP를 만들잖아요? 커리어도 마찬가지예요. 완벽한 커리어를 한번에 만들려 하지 말고, 작은 실험들을 통해 점진적으로 발전시켜 나가는 거예요."

Layer1. 기초 역량: '무엇을 할 수 있는가' → '어떻게 접근하는가'

김 팀장의 첫 번째 과제는 자신의 포트폴리오를 재구성하는 것이었다. 기존의 이력서는 단순했다. 학력, 경력, 성과 몇 가지가 전부였다. 하지만 이은지 씨가 제안한 빌더의 포트폴리오는 완전히 다른 구조를 가지고 있었다.

"김 팀장님의 포트폴리오를 세 개 층으로 나눠볼게요."

이은지 씨가 화이트보드에 그림을 그리기 시작했다.

"첫 번째 층은 기초 역량, 두 번째 층은 성과 증명, 세 번째 층은 성장 예측이에요."

첫 번째 층인 기초 역량부터 시작했다.

"김 팀장님, 지금까지는 '무엇을 할 수 있는가'를 중심으로 자신을 소개하셨죠? 하지만 이제는 '어떻게 접근하는가'를 보여줘야 해요."

김 팀장은 자신의 업무 방식을 돌아봤다. 그는 문제가 생겼을 때 항상 일정한 패턴으로 접근했다. 먼저 문제의 근본 원인을 파악하고, 여러 해결책을 도출한 다음, 각 해결책의 장단점을 분석해서 최적의 방안을 선택했다. 그리고 실행 과정에서 지속적으로 피드백을 받아 조정했다.

"바로 그거예요!"

이은지 씨가 눈을 반짝이며 말했다.

"그게 김 팀장님만의 문제 해결 프레임워크예요. 이제 이걸 체계화해봅시다."

김 팀장의 문제 해결 프레임워크는 다음과 같이 정리됐다.

1. 근본 원인 탐구: 표면적 증상이 아닌 구조적 문제 파악
2. 다각도 솔루션 발굴: 기존 방식에 얽매이지 않는 창의적 대안 모색
3. 리스크-리턴 분석: 각 솔루션의 실현 가능성과 예상 효과 평가
4. 점진적 실행: 작은 단위로 나누어 실험하며 조정

"이제 이걸 구체적인 사례와 함께 설명해보세요."

이은지 씨가 제안했다.

김 팀장은 최근 해결한 팀 내 소통 문제를 예로 들었다.

"팀 회의가 비효율적이라는 표면적 증상을 보고, 근본 원인을 파악했습니다. 분석 결과, 명확한 의사 결정 프로세스 부재가 핵심 문제였어요. 여러 해결책을 검토한 결과, 점진적 개선 접근법이 가장 적합하다고 판단했고, 매주 1%씩 회의 구조를 개선해 나갔습니다."

이은지 씨는 만족스러운 표정으로 말했다.

"완벽해요. 이제 당신의 기초 역량이 무엇인지 명확해졌어요. 당신은 단순히 프로젝트 관리를 '할 수 있는' 사람이 아니라, 시스템적 사고로 문제를 '재정의하고 설계할 수 있는' 사람이 된 거예요."

Layer2. 성과 증명: 숫자를 넘어 시스템 변화를 보여주기

"이제 두 번째 층인 성과 증명을 봅시다."

이은지 씨가 계속 설명했다.

"기존에는 '팀 생산성 30% 향상'처럼 결과만 나열하셨죠? 이제는 그 결과를 만들어낸 시스템 설계에 초점을 맞춰보세요."

김 팀장은 자신이 가장 자랑스러워하는 성과를 다시 서술해 보았다.

"팀 회의 시간을 60% 단축하고, 결정 이행률을 3배가량 향상시켰습니다. 이는 기존의 비구조화된 회의 방식 대신, 단계별 1% 개선 시스템을 도입한 결과입니다."

"더 구체적으로 시스템 설계 과정을 설명해보세요."

이은지 씨가 요청했다.

"기존 회의 문제를 분석한 결과, 의제 불명확, 의사 결정 권한 모호, 후속 조치 부재라는 세 가지 구조적 문제를 발견했습니다. 이를 해결하기 위해 '1% 점진적 개선 시스템'을 설계했어요. 매주 회의 구조에 작은 변화를 더하고, 모든 개선 사항의 효과를 측정했으며, 피드백 루프를 구축했습니다. 12주간의 점진적 개선을 통해 최종적으로 회의 시간 60% 단축과 결정 이행률 300% 향상이라는 성과를 달성했고, 이 시스템은 현재 다른 팀에서도 도입을 검토하고 있으며, 확장 가능한 구조로 설계되었습니다."

"완전히 다르네요!"

김 팀장이 놀라며 말했다.

"같은 성과인데 이렇게 설명하니까 제가 뭘 잘하는 사람인지 명확해졌어요."

이은지 씨는 다른 성과들도 같은 방식으로 재구성해 볼 것을 제안했다. 김 팀장은 두 번째 주요 성과인 '신제품 출시 일정 30% 단축'을 다음과 같이 재서술했다.

"프로젝트 지연의 근본 원인을 분석한 결과, 부서 간 정보 비대칭과 의존성 관리 부재를 발견했습니다. 이를 해결하기 위해 '가시성 중심 프로젝트 관리 시스템'을 설계했습니다. 실시간 진행 상황 대시보드, 의존성 자동 추적, 병목 지점 조기 경보 시스템을 구축하여 모든 이해관계자가 프로젝트 상태를 투명하게 공유할 수 있도록 했습니다. 결과적으로 신제품 출시 일정을 30% 단축했고, 더 중요하게는 향후 모든 프로젝트에 적용 가능하고, 재사용 가능한 시스템을 구축했습니다."

Layer3. 성장 예측: 미래 가치의 시각화

마지막으로 세 번째 층인 성장 예측을 다뤘다.

"이게 가장 혁신적인 부분이에요."

이은지 씨가 말했다.

"대부분의 이력서는 과거 얘기만 하죠. 하지만 고용주가 진짜 궁금한 건 '이 사람이 우리 조직에서 앞으로 어떤 가치를 만들 것인가?'예요."

김 팀장은 자신이 관심을 가진 회사의 현재 상황을 분석해 보았다. 회사는 최근 글로벌 확장을 추진하고 있었지만, 다문화팀 관리와 원격 협업에서 어려움을 겪고 있었다.

김 팀장은 "제가 이 회사에 합류한다면, 현재 팀에서 구축한 '투명성 기반 원격 협업 시스템'을 글로벌 환경에 맞게 확장하고, 적용할 수 있을 것 같아요" 하고 말했다.

"이 시스템의 핵심은 문화적 차이에도 불구하고, 명확한 소통과 효율적인 의사 결정을 가능하게 하는 구조 설계인데요."

김 팀장은 더 구체적으로 제안을 발전시켰다.

"현재 이 회사의 아시아-유럽-미주 3개 지역 팀 간 협업 효율성을 분석해본 결과, 시차와 문화적 차이로 인한 의사 결정 지연이 주요 병목점으로 보입니다. 제가 개발한 '비동기 의사 결정 프레임워크'를 적용하면, 24시간 내 의사 결정 완료율을 현재 40%에서 85%까지 향상시킬 수 있을 것으로 예상됩니다."

그는 구체적인 실행 계획도 제시했다.

"저는 첫 3개월은 현재 시스템 분석과 파일럿 프로그램 설계, 다음 3개월은 한 개 지역에서의 테스트 실행, 마지막 6개월은 전체 조직으로의 확산과 최적화 과정을 진행할 수 있습니다. 예상되는 정량적 효과로는 프로젝트 완료 속도 30% 향상, 크로스 보더 협업 만족도 50% 증가 등이 있습니다."

이은지 씨는 김 팀장의 변화에 감탄했다.

"이제 완전히 다른 사람이 되셨네요. 과거의 성과를 나열하는 지원자가 아니라, 미래의 가치를 설계할 수 있는 빌더가 되셨어요."

3-Layer 포트폴리오의 완성

이로써 김 팀장의 3-Layer 포트폴리오는 완성되었다. 이를 정리하면 다음과 같다.

Layer1. 기초 역량: 시스템적 사고 기반 문제 해결 프레임워크
· 근본 원인 탐구→다각도 솔루션 발굴→리스크-리턴 분석→점진

적 실행

Layer2. 성과 증명: 시스템 설계를 통한 지속 가능한 가치 창출
· 회의 효율성 300% 향상 시스템
· 프로젝트 관리 투명성 확보 시스템
· 팀 성장 가속화 시스템

Layer3. 성장 예측: 글로벌 원격 협업 최적화 전문가
· 다문화팀 의사 결정 효율성 향상
· 비동기 협업 시스템 설계
· 확장 가능한 조직 운영 구조 구축

"이제 이 포트폴리오를 보는 사람은 당신이 단순히 '경험 많은 관리자'가 아니라 '시스템을 설계하는 빌더'라는 걸 즉시 알 수 있어요"라고 이은지 씨가 말했다.

김 팀장은 자신의 변화된 포트폴리오를 보며 놀랐다.

"같은 경험인데 이렇게 다르게 보일 수 있다니. 이제야 제가 진짜 뭘 하는 사람인지 명확해졌네요."

3개월 후, 김 팀장은 이 새로운 포트폴리오로 다른 여러 글로벌 기업에 지원했다. 결과는 놀라웠다. 이전에는 서류 전형에서 자주 탈락했던 그가, 이번에는 지원한 5곳 모두에서 면접 제안을 받았

다. 면접관들은 모두 그의 '시스템 설계 능력'과 '미래 가치 제안'에 깊은 인상을 받았다고 말했다.

빌더의 포트폴리오는 단순한 이력 정리가 아니다. 그것은 자신의 가치를 전략적으로 설계하고 제시하는 도구다. AI 시대에 살아남는 사람은 더 많은 기술을 아는 사람이 아니라, 시스템을 설계하고 문제를 재정의하며 지속적으로 가치를 창출하는 빌더다.

2. 채용 담당자가 체류하는 프로필의 조건

7.4초의 기적 또는 재앙

김 팀장이 새롭게 구성한 '3-Layer 포트폴리오'는 분명 달라 보였다. 하지만 이은지 씨는 한 가지 더 중요한 사실을 알려줬다.

"김 팀장님, 좋은 포트폴리오를 만드는 것과 그것이 실제로 읽히는 것은 별개 문제예요."

그와 함께 이은지 씨는 충격적인 통계를 제시했다.

"한 연구에 따르면, 채용 담당자는 이력서를 평균 7.4초 동안 검토한다고 해요. 온라인 포트폴리오는 76초죠. 이렇게 짧은 시간 안에 당신의 가치를 어떻게 전달할 수 있을까요?"

김 팀장은 당황한 듯 말했다.

"7.4초요? 제가 3개월 동안 공들여 만든 포트폴리오를 7.4초 만에 판단한다고요?"

"네, 그래서 빌더는 이것을 '체류 시간 설계'의 문제로 봐요. 채용 담당자가 더 오래 머물고, 더 깊이 탐색하도록 프로필을 의도적으로 설계하는 거죠."

이은지 씨는 김 팀장에게 흥미로운 사례를 들려줬다. 콘텐츠 마케터 장민영 씨의 이야기였다. 그녀는 자신의 온라인 포트폴리오를 재설계한 결과, 채용 담당자의 평균 체류 시간이 76초에서 5분 32초로 증가했다고 한다.

"도대체 어떻게 그런 일이 가능한가요?"라고 김 팀장이 물었다.

"장민영 씨가 적용한 전략을 하나씩 살펴볼게요. 김 팀장님도 이걸 응용할 수 있을 거예요."

첫 번째 전략: 패턴 중단의 예술

"대부분의 포트폴리오는 예측 가능한 방식으로 시작해요."

이은지 씨가 설명했다.

"이름, 직함, 소개글 등 이런 뻔한 패턴을 장민영 씨는 의도적으로 깼어요."

장민영 씨는 포트폴리오를 대담한 문구로 시작했다.

"콘텐츠는 단어의 나열이 아니라, 행동 변화의 설계입니다."

그리고 바로 아래에는 흥미로운 질문이 있었다.

"당신의 마지막 마케팅 캠페인이 기대한 결과를 내지 못했다면, 그 이유는 콘텐츠의 질이 아닌 구조의 문제일 수 있습니다."

"이런 시작은 채용 담당자의 주의를 즉시 사로잡아요"라며 이은지 씨가 말했다.

"일반적인 포트폴리오와의 차별점을 만들고, '이 사람은 뭔가 다르다'라는 인상을 주어야 더 알아보고 싶은 호기심을 자극할 수 있죠."

김 팀장은 자신의 포트폴리오도 비슷하게 재구성해 보았다.

"팀 관리는 사람을 통제하는 것이 아니라, 시스템을 설계하는 것입니다. 만약 당신 팀이 열심히 일하지만 성과가 나오지 않는다면, 문제는 팀원들이 아니라 협업 구조에 있을 수 있습니다."

두 번째 전략: 정보 계층 구조의 최적화

이은지 씨는 장민영 씨가 채용 담당자의 정보 소비 패턴을 연구한 후, 포트폴리오의 정보 구조를 세 층으로 설계했다고 설명했다.

〈Layer1: 5초 스캔〉

장민영 씨는 페이지 상단을 핵심 가치 제안과 주요 성과가 한눈에 들어오는 형태로 배치했다. 빠르게 스캔하는 사람도 핵심 메시지를 놓치지 않도록 한 것이다. 김 팀장의 경우에는 다음을 강조했다.

- 시스템 설계로 팀 효율성 300% 향상
- 점진적 개선을 통한 지속 가능한 변화 관리 전문가

· 12주 만에 회의 시간 60% 단축 시스템 구축

〈Layer 2: 30초 탐색〉

장민영 씨는 페이지를 조금만 내려도 접근법과 방법론에 대한 간결한 요약과 주요 프로젝트 사례를 볼 수 있도록 시각적으로 배치했다. 김 팀장은 자신의 문제 해결 프레임워크를 '근본 원인 탐구→다각도 솔루션→리스크 분석→점진적 실행'과 같이 시각적으로 표현했다.

〈Layer 3: 깊은 탐색〉

장민영 씨는 관심이 생긴 방문자가 각 사례를 클릭하여 상세한 프로세스, 도전 과제, 해결책, 그리고 결과를 탐색할 수 있도록 했다. 각 심층 사례는 '문제→재정의→접근법→결과→학습'의 구조로 일관되게 구성했다.

"이런 계층 구조는 방문자가 자신의 관심 수준에 맞게 정보를 소비할 수 있게 해주며, 자연스럽게 더 깊은 탐색으로 유도해요"라고 이은지 씨가 설명했다.

세 번째 전략: 내러티브의 긴장감 조성

"일반적인 포트폴리오는 단순히 정보를 나열하죠. 하지만 장민영 씨는 스토리텔링 기법을 활용해 내러티브의 긴장감을 조성했어요."
 각 프로젝트 사례도 다음과 같이 도전적인 상황으로 시작했다.
 "클라이언트의 콘텐츠 참여율이 6개월 연속 하락하고 있었습니다."
 이는 즉시 문제 해결에 대한 호기심을 자극했다. 그리고 완전한 해결책을 바로 제시하지 않고, 문제 재정의와 접근법 탐색의 여정을 보여줌으로써 긴장감을 유지했다. 아울러 결과는 이야기의 클라이맥스에서 제시했다.
 김 팀장도 이 방법을 적용해 보았다.
 "새로 맡은 팀의 회의는 매번 2시간을 넘겼지만, 정작 결정되는 것은 거의 없었습니다. 3개월간의 관찰 결과, 문제는 팀원들의 능력이 아니라 의사 결정 구조 자체에 있다는 것을 발견했습니다. 그래서 저는 완전히 다른 접근을 시도했습니다."
 "이런 구조는 채용 담당자가 '그래서 어떻게 됐지?'라는 의문을 가지고 계속 읽게 만들어요"라고 이은지 씨가 말했다.
 김 팀장이 글로벌 기업을 목표로 하고 있었기 때문에, 이은지 씨는 글로벌 채용 담당자와 국내 채용 담당자의 차이점도 설명해 주었다.
 "글로벌 기업의 채용 담당자들은 좀 더 직접적이고 임팩트 중심의 접근을 선호해요. 반면 국내 기업은 과정과 맥락을 중시하는 경향이 있죠."

〈글로벌 버전의 특징〉

*직접적인 임팩트 강조
  · "Reduced meeting time by 60% through systematic redesign"
  · "Increased team productivity by 300% via incremental improvement framework"

*수치 중심의 성과 제시
  · "Generated $2M cost savings through workflow optimization"
  · "Improved cross-team collaboration efficiency by 85%"

*Action-oriented 언어 사용
  · "Designed", "Built", "Implemented", "Optimized", "Transformed"

〈국내 버전의 특징〉

*과정과 맥락 설명
  · "팀 내 소통 문제를 해결하기 위해 점진적 개선 방식을 도입하여~"
  · "다양한 이해관계자와의 협의를 통해 최적의 솔루션을 도출했습니다."

★관계와 협업 강조

- "팀원들과의 신뢰 관계를 바탕으로~"
- "상호 존중하는 문화를 조성하면서~"

★겸손한 톤의 성과 서술

- "미흡하지만 의미 있는 개선을 이루었습니다."
- "팀원들의 적극적인 참여 덕분에 성과를 낼 수 있었습니다."

"음, 그렇다면 상황에 따라 다른 버전을 사용할 수 있겠네요"라며 김 팀장은 결국 두 가지 버전을 모두 준비하기로 했다.

네 번째 전략: 예상 질문의 선제적 해소

"장민영 씨는 채용 담당자가 가질 만한 주요 질문들을 예상하고, 이를 선제적으로 해소하는 섹션을 포함시켰어요."

김 팀장도 다음과 같은 섹션들을 추가했다.

★ 내 접근법이 다른 이유

"대부분의 관리자들이 사람을 바꾸려 할 때, 저는 시스템을 바꿉니다. 사람은 환경의 산물이라고 믿기 때문입니다."

★ **실패로부터의 학습**

"첫 번째 팀장 경험에서 권위적 접근으로 실패했습니다. 그 경험을 통해 구조가 개인의 의지보다 강하다는 것을 배웠습니다."

★ **협업 철학**

"1% 개선의 원칙: 작은 변화가 큰 저항 없이 지속 가능한 혁신을 만든다고 믿습니다."

이은지 씨는 이런 섹션들이 두 가지 메시지를 전달한다고 설명했다.

"첫째, 이 지원자는 채용 과정을 이해하고 있다. 둘째, 이 지원자는 자신의 생각을 명확하게 구조화할 수 있다."

다섯 번째 전략: 쌍방향 참여 요소

마지막으로, 김 팀장은 방문자가 수동적으로 정보를 소비하는 것이 아니라, 적극적으로 참여할 수 있는 요소를 추가했다. 그는 "당신의 팀 관리 도전 과제는 무엇인가요?"라는 간단한 설문을 포함시켰고, 응답에 따라 맞춤형 해결 접근법을 자동으로 생성하는 미니 도구를 구현했다. 예를 들면 다음과 같은 것들이었다.

- 회의가 비효율적이다 → '1% 회의 개선 가이드' 제공

- 팀원 간 소통이 부족하다 → '투명성 기반 소통 시스템' 제안

- 프로젝트 지연이 빈번하다 → '의존성 관리 프레임워크' 소개

"이런 쌍방향 요소는 방문자의 체류 시간을 크게 늘릴 뿐만 아니라, 김 팀장님의 문제 해결 접근법을 직접 경험할 수 있게 해줘요" 라고 이은지 씨는 설명했다.

6개월 후의 놀라운 결과

김 팀장이 새로운 전략으로 포트폴리오를 재설계한 지 6개월이 지났다. 결과는 놀라웠다. 그의 포트폴리오를 본 채용 담당자들의 평균 체류 시간은 4분 45초에 달했고, 90%가 넘는 방문자가 상세 사례까지 탐색했다. 더 중요한 것은 실제 성과였다. 지원한 글로벌 기업 7곳 모두에서 면접 제안을 받았고, 그중 5곳에서는 "포트폴리오가 인상적이었다"는 피드백을 받았다.

그중 한 채용 담당자는 이렇게 말했다.

"수많은 포트폴리오를 봤지만, 김 팀장님의 것은 정말 달랐어요. 단순히 경험을 나열한 게 아니라, 사고방식과 접근법을 보여줬거든요. 그리고 우리 조직의 문제까지 파악해서 해결책을 제시한 건 정말 놀라웠어요."

김 팀장은 이은지 씨에게 감사 인사를 전했다.

"포트폴리오도 설계의 대상이었네요. 같은 경험이라도 어떻게 제시하느냐에 따라 완전히 다른 결과를 만들어내는군요."

"그래요. 빌더는 모든 것을 설계의 관점에서 봐요. 포트폴리오도, 면접도, 심지어 커리어 전체도 말이죠"라며 이은지 씨는 웃으며 답했다.

빌더의 포트폴리오는 단순히 정보를 전달하는 문서가 아니다. 그것은 방문자의 여정을 설계한 경험이다. 채용 담당자가 더 오래 머물고, 더 깊이 탐색하며, 더 강한 인상을 받도록 의도적으로 설계된 것이다. 당신도 오늘부터 포트폴리오의 체류 시간을 설계하는 빌더가 되어보는 건 어떨까.

3. '5-3-1' 네트워킹 모델: 인맥이 아닌 구조 구축

네트워킹에 대한 잘못된 믿음

김 팀장은 자신의 포트폴리오가 크게 개선되고, 여러 곳에서 면접 기회를 얻자 새로운 고민에 빠졌다.

"포트폴리오는 확실히 달라졌어요. 그런데 좋은 기회를 더 많이 찾으려면 결국 네트워킹이 중요하다고 하는데, 저는 그걸 어떻게 해야 할지 모르겠어요."

김 팀장은 네트워킹에 대해 막연한 부담감을 가지고 있었다. 명함을 주고받고, 어색한 대화를 나누며, 상대방에게 도움을 요청하는 등의 활동들이 그에게는 부자연스럽고 이기적으로 느껴졌다.

그러자 이은지 씨가 말했다.

"네트워킹에 대한 관점을 바꿔 보시죠. 대부분의 사람들은 네트워킹을 '인맥 쌓기'로 생각해요. 하지만 빌더는 네트워킹을 '가치 교환의 구조'로 설계해요."

그러고는 김 팀장에게 흥미로운 사실을 알려줬다.

"정말 성공적인 네트워킹을 하는 사람들을 분석해보면, 그들은 모두 체계적인 구조를 가지고 있어요. 그중에서도 '5-3-1 모델'이 가장 효과적이에요."

'5-3-1 모델'의 발견

"그게 뭔가요?" 하고 김 팀장이 물었다.

"5명의 멘토, 3명의 동료, 1명의 멘티를 체계적으로 관리하는 방법이에요. 각각이 서로 다른 가치를 제공하고, 서로 다른 방식으로 성장에 기여하죠."

이은지 씨는 실제 사례를 들려줬다. 금융 분야에서 일하는 29살 정재민 씨의 이야기였다. 그는 신입 사원 시절 빠르게 성장하고 싶었다. 처음에는 업계 유명 인사들에게 무작정 연락해 조언을 구했다. 하지만 대부분 응답을 받지 못했고, 간혹 받는 조언도 피상적이었다.

"정재민 씨는 접근법을 바꾼 후 1년 만에 완전히 달라졌어요. 승진도 빨랐고, 새로운 기회들이 계속 들어왔죠. 그 비결이 바로 '5-3-1 모델'이었어요."

5명의 멘토: 지식과 통찰의 상류

"먼저 5명의 멘토부터 시작해 봅시다."

이은지 씨가 설명했다.

"하지만 무작정 유명한 사람에게 연락하지는 마세요. 전략적으로 접근해야 해요."

김 팀장은 먼저 자신이 가장 배우고 싶은 다섯 가지 구체적인 영역을 정의했다.

> 1. 글로벌 팀 리더십: 다문화 환경에서의 팀 관리
> 2. 디지털 전환 관리: 조직 변화 과정에서의 리더십
> 3. 데이터 기반 의사 결정: 정량적 접근법을 통한 팀 운영
> 4. 원격 협업 최적화: 분산된 팀의 효율성 극대화
> 5. 혁신 문화 구축: 조직 내 창의성과 실험 문화 조성

"이제 각 영역에서 한 명씩 멘토를 찾아보세요. 하지만 단순히 조언을 구하지는 마세요. 김 팀장님이 제공할 수 있는 가치를 함께 제안하세요."

김 팀장은 글로벌 팀 리더십 분야의 한 전문가에게 보낼 이런 메시지를 준비했다.

"안녕하세요. 최근 귀하의 '아시아 팀 관리의 새로운 접근법' 강연을 듣고 큰 영감을 받았습니다. 특히 문화적 차이를 활용한 의사 결정 프로세스에 대한 통찰이 인상적이었습니다. 저는 최근 한국-싱가포르-인도 3개국 팀을 관리하면서 '점진적 변화 관리 시

스템'을 적용해본 경험이 있습니다. 예상외로 문화적 차이가 오히려 시스템 개선에 도움이 되는 흥미로운 패턴을 발견했는데요. 이 사례가 귀하의 연구나 강연에 도움이 될 수 있을지, 그리고 제가 놓치고 있는 글로벌 리더십 관점이 있는지 조언을 구할 수 있을까요? 짧은 시간이라도 이야기를 나눌 수 있다면 감사하겠습니다."

"보세요, 이건 단순한 '조언 요청'이 아니에요."

이은지 씨가 설명했다.

"상호 가치 교환의 제안이죠. 김 팀장님의 경험이 상대방에게도 도움이 될 수 있다는 걸 보여주고 있어요."

김 팀장은 각 분야별로 비슷한 접근법을 적용했다. 디지털 전환 전문가에게는 자신의 1% 개선 시스템 사례를, 데이터 기반 의사결정 전문가에게는 정성적 지표와 정량적 지표를 통합한 대시보드 경험을 제안했다.

그러자 3개월 후, 놀라운 일이 일어났다. 5명 중 4명이 긍정적으로 답했고, 그중 3명과는 정기적인 멘토링 관계를 구축할 수 있었다. 김 팀장은 각 멘토와의 관계를 '거래'가 아닌 '협력'으로 설계했다. 정기적으로 관련 정보와 통찰을 공유하고, 멘토의 프로젝트나 연구에 기여할 방법을 적극적으로 모색했다.

3명의 동료: 상호 성장의 중류

"멘토링이 중요하지만, 수평적 관계에서 오는 가치도 커요"라며 이은지 씨가 설명했다. "5-3-1 모델에서 '3'은 동일한 수준에서 함께 성장하는 세 명의 동료를 의미해요."

김 팀장은 자신의 성장을 가속화하기 위해 '성장 트라이앵글'이라는 구조를 설계했다. 그는 비슷한 경력 수준이지만 서로 다른 강점을 가진 두 명의 동료를 찾아 함께 정기적인 성장 세션을 시작했다. 첫 번째 동료는 데이터 분석과 측정에 강한 핀테크 회사의 프로덕트 매니저인 박소연 과장, 두 번째 동료는 창의적인 문제 해결과 혁신에 탁월한 디자인 컨설팅 회사의 크리에이티브 디렉터인 이준호 차장이었다.

이 세 사람은 매달 두 번, 90분 동안 다음과 같이 구조화된 세션을 진행했다.

지식 교환(30분): 각자 최근 배운 가장 가치 있는 통찰이나 기술을 공유

- 박소연: 고객 행동 예측 모델링의 새로운 접근법
- 이준호: 디자인 씽킹을 팀 문제 해결에 적용하는 방법
- 김 팀장: 원격팀의 심리적 안전감 측정과 개선 기법

도전 과제 해결(30분): 한 사람의 실제 업무 도전 과제에 대해 함께 해결책 모색. 각자의 전문성을 결합해 다각도로 문제를 분석하고 창의적 솔루션을 도출

> **책임 점검(30분):** 이전 세션에서 계획한 성장 목표의 진행 상황 점검. 서로에 대한 건설적 피드백과 다음 단계 계획 수립

"이 구조는 단순한 네트워킹이나 비정기적 대화가 아니에요. 의도적으로 설계된 상호 성장 시스템이죠"라고 이은지 씨가 강조했다.

6개월 후, 세 사람 모두 눈에 띄는 성장을 이루었다. 김 팀장은 이 '성장 트라이앵글'을 통해 데이터 기반 의사 결정과 창의적 문제 해결을 자신의 시스템적 접근법과 통합하여, 회사 내에서 독보적인 포지션을 차지하게 되었다. 이에 대해 박소연 과장은 "혼자서는 절대 생각해낼 수 없었던 관점들을 얻었어요. 특히 김 팀장님의 점진적 개선 방식을 데이터 분석에 적용하니까 완전히 새로운 인사이트가 나오더라고요"라고 말했다.

1명의 멘티: 가르치며 배우는 하류

"마지막으로 1명의 멘티를 찾아보세요. 가르치는 과정에서 자신의 지식이 더욱 체계화되고, 새로운 관점도 얻을 수 있어요"라고 이은지 씨가 제안했다.

김 팀장은 회사의 신입 사원 중 한 명인 정하늘 씨에게 멘토링을 제공하기 시작했다. 월간 성장 계획 설정, 주간 체크인, 프로젝트 기반 학습, 역멘토링 시간 등을 통해 체계적인 멘토링을 진행했다. 특히 흥미로운 것은 '역멘토링 시간'이었다. 정하늘 씨가 신세

대 관점에서 김 팀장에게 새로운 업무 도구나 트렌드를 알려주는 시간을 별도로 마련한 것이다.

"처음에는 제가 일방적으로 가르치는 거라고 생각했어요. 그런데 정하늘 사원을 가르치는 과정에서 제 방법론이 더 명확해지고, 오히려 저도 많이 배우고 있어요. 특히 Z세대의 업무 방식을 이해하게 되면서 팀 관리에도 새로운 아이디어가 생겼죠"라고 김 팀장이 말했다.

정하늘 씨는 6개월 만에 팀에서 가장 빠르게 성장하는 신입 사원이 되었고, 김 팀장은 멘토링을 통해 자신의 리더십 철학을 더욱 체계화할 수 있었다. 무엇보다도 세대 간 소통에 대한 새로운 통찰을 얻은 것은 큰 경험이었다.

구조가 만들어낸 기적적인 변화

1년 후, 김 팀장의 '5-3-1 네트워크'는 그의 커리어에 놀라운 변화를 가져왔다. 5명의 멘토로부터 얻은 업계 최신 동향과 깊은 통찰로 그는 동료들을 크게 앞질렀다. 그의 독특한 크로스 도메인 지식이 상사들에게도 깊은 인상을 남겼음은 물론이다.

3명의 동료와는 서로의 성장을 가속화하는 시너지를 만들어냈다. 박소연 과장의 데이터 분석에 대한 전문성과 이준호 차장의 창의적인 문제 해결 능력을 자신의 시스템 설계 역량과 결합하자,

김 팀장은 회사에서 가장 혁신적인 솔루션을 제시하는 리더로 인정받게 되었다.

1명의 멘티를 통해 차세대 리더십도 개발할 수 있었다. 정하늘 씨를 가르치는 과정에서 그는 자신의 방법론을 더욱 정교하게 다듬었고, 새로운 세대와의 소통 능력도 크게 향상시킬 수 있었다.

가장 놀라운 것은 이 네트워크가 자연스럽게 확장되기 시작했다는 점이다. 멘토들이 다른 전문가들을 소개해주고, 동료들이 새로운 협업 기회를 가져오고, 멘티가 다른 유망한 신입 사원들과 연결시켜 주면서 김 팀장의 네트워크는 기하급수적으로 확장되었다.

"이제 네트워킹이 무엇인지 알겠어요."

김 팀장이 이은지 씨에게 말했다.

"단순히 사람을 아는 게 아니라, 서로에게 가치를 주고받는 구조를 만드는 거였네요. 그리고 그 구조가 자연스럽게 확장되면서 더 큰 가치를 창출하는 거고요."

네트워킹의 재정의: 가치 교환 생태계

이은지 씨는 김 팀장의 변화를 보며 만족스러워했다.

"김 팀장님이 경험한 것이 바로 진정한 네트워킹이에요. 대부분의 사람들이 생각하는 '인맥 쌓기'와는 완전히 다른 접근법이죠."

김 팀장은 6개월 후 글로벌 기업에서 아시아 지역 디렉터로 와달라는 제안을 받았다. 이 기회는 그의 멘토 중 한 명이 소개해준 것이었다. 면접 과정에서는 성장 트라이앵글에서 배운 다각도 문제 해결 접근법이 큰 도움이 되었다. 그리고 새로운 역할에서 필요한 차세대 리더십 스킬은 멘티와의 경험을 통해 이미 준비되어 있었다.

김 팀장은 "네트워킹을 체계적으로 설계하기 전에는 혼자서 모든 걸 해결하려고 했어요"라고 회고했다.

"하지만 이제는 제 주변에 각 분야의 전문가들이 있고, 함께 성장하는 동료들이 있고, 저를 통해 배우면서 동시에 저에게 새로운 관점을 주는 후배가 있어요. 이런 생태계 안에서는 성장의 속도와 깊이가 완전히 달라지네요."

빌더의 네트워킹은 단순한 관계 맺기가 아니라 새롭게 가치 교환 생태계를 설계하는 것이다. 이 생태계에서 모든 참여자는 가치를 주고받는다. 멘토와는 새로운 관점과 실전 사례를 주고받고, 동료와는 상호 성장을 위한 지식과 기회를 교환하며, 멘티에게는 경험과 지혜를 전수하는 동시에 새로운 세대의 시각을 배운다.

이런 접근법의 가장 큰 장점은 '지속 가능성'이다. 일방적인 도움 요청은 오래 지속되기 어렵지만, 상호 가치를 주고받는 관계는 시간이 지날수록 더 단단해진다. 그리고 각 관계에서 얻은 인사이트와 기회들이 서로 시너지를 만들어내면서 전체 네트워크의 가치가 기하급수적으로 증가한다.

 빌더는 혼자서 모든 것을 해내려 하지 않는다. 그 대신 자기 주변에 '전략적 학습 네트워크'를 구축한다. '5-3-1 모델'은 단순한 네트워킹 기법이 아니라, 지속적인 성장과 기회 창출을 위한 생태계 설계법이다. 이 구조를 통해 빌더는 개인의 한계를 넘어서는 집단 지성과 집단 기회에 접근한다.

4. 연봉의 격차는 결국 설계의 격차

같은 일, 다른 연봉의 비밀

김 팀장이 글로벌 기업 아시아 지역 디렉터로 이직한 지 3개월이 지났다. 새로운 역할에 적응하면서 그는 흥미로운 사실을 발견했다. 같은 회사 내에서도 비슷한 경력과 성과를 가진 사람들 사이에 연봉 격차가 상당하다는 것이었다.

"정말 신기한 일이에요. 제 팀에 있는 두 명의 매니저가 경력도 비슷하고 성과도 비슷한데, 연봉이 40%나 차이가 나더라고요. 도대체 뭐가 다른 걸까요?"라고 김 팀장이 이은지 씨에게 물었다.

이은지 씨는 오히려 당연하다는 듯 대답했다.

"연봉의 격차는 결국 설계의 격차예요. 같은 일을 해도 어떻게 설계하느냐에 따라 완전히 다른 가치를 만들어내거든요."

이은지 씨는 그에게 실제로 목격한 놀라운 사례를 들려줬다.

한 글로벌 기술 회사에서 일하는 두 명의 마케팅 매니저 이야기였다.

 마케터 이소영 씨는 32살, 마케터 정민호 씨는 34살로 둘 다 8년 경력에 MBA를 보유하고 있었고, 담당 제품의 시장 규모도 비슷했다. 심지어 연간 매출 성과도 엇비슷했다.

 하지만 2년 후, 이소영 씨의 연봉은 정민호 씨보다 65% 높아져 있었다. 더 놀라운 것은 이소영 씨가 글로벌 마케팅 디렉터로 승진한 반면, 정민호 씨는 여전히 같은 자리에 머물러 있다는 것이었다.

 "대체 무엇이 이런 차이를 만들었을까요?" 하고 김 팀장이 물었다.

 "답은 간단해요. 이소영 씨는 마케팅을 '캠페인 실행'으로 보지 않고 '고객 경험 시스템 설계'로 봤어요. 반면 정민호 씨는 훌륭한 캠페인을 많이 만들었지만, 그게 전부였죠."

이소영 씨의 설계적 사고

 이소영 씨가 처음 맡은 프로젝트는 신제품 런칭 캠페인이었다. 같은 상황에서 정민호 씨는 창의적인 광고 콘셉트를 개발하고, 다양한 채널에서 매력적인 콘텐츠를 제작했다. 그 결과, 캠페인은 성공적이었고, 매출을 목표치보다 120% 높게 달성했다.

 이소영 씨도 비슷한 성과를 냈지만, 접근법이 완전히 달랐다. 그녀는 단순히 런칭 캠페인을 만든 것이 아니라, '고객 생애주기 전체를 관리하는 시스템'을 설계했다. 런칭은 그 시스템의 첫 번째 단계에 불과했다.

그녀는 먼저 고객 여정을 5단계로 나누었다. 인지, 관심, 구매, 사용, 추천이었다. 그리고 각 단계에서 고객이 경험하는 모든 터치포인트를 매핑했다. 웹사이트 방문, 소셜미디어 인터랙션, 고객센터 문의, 제품 사용 경험, 커뮤니티 참여 등 모든 접점을 분석했다.

다음으로 그녀는 각 터치포인트에서 고객의 감정 상태와 니즈를 파악했다. 그리고 이 모든 데이터를 바탕으로 '고객 경험 최적화 엔진'을 구축했다. 이 엔진은 고객의 행동 패턴을 실시간으로 분석하고, 개인화된 경험을 자동으로 제공하는 시스템이었다.

예를 들어, 제품 페이지를 방문했지만 구매하지 않은 고객에게는 24시간 후 관련 사용 팁을 담은 콘텐츠를 이메일로 발송했다. 제품을 구매한 고객에게는 사용 2주 후 만족도 조사와 함께 추가 기능을 소개하는 튜토리얼을 제공했다. 6개월 이상 사용한 고객에게는 신제품 베타 테스트 기회를 우선 제공했다.

시스템이 만들어낸 차이

6개월 후, 두 사람의 성과 차이는 명확해졌다. 정민호 씨의 캠페인은 런칭 기간 동안 목표를 달성했지만, 그 이후의 매출은 급격히 감소했다. 반면 이소영 씨가 설계한 시스템은 시간이 지날수록 더 강력해졌다.

이소영 씨의 제품은 런칭 6개월 후에도 매달 10%씩 매출이 증가했다. 고객 유지율은 업계 평균의 3배였고, 추천을 통한 신규 고객 비율은 전체의 45%에 달했다. 무엇보다 고객 평생 가치 LTV, Life Time Value 가 정민호 씨 제품의 2.5배였다. 더 중요한 것은 이소영 씨가 구축한 시스템이 다른 제품에도 적용 가능했다는 점이다. 그녀는 자신의 '고객 경험 최적화 프레임워크'를 회사의 다른 마케팅 팀에 전파했고, 이를 통해 회사 전체의 마케팅 효율성도 크게 향상되었다.

결과적으로 1년 후 이소영 씨는 글로벌 마케팅 디렉터로 승진했다. 승진 이유는 단순히 좋은 성과를 냈기 때문이 아니었다. 회사 전체의 마케팅 역량을 한 단계 끌어올리는 시스템을 설계했기 때문이었다.

김 팀장의 깨달음과 글로벌 팀 시스템 설계

이소영 씨의 이야기를 들은 김 팀장은 자신의 경험을 돌아봤다.
"제가 예전에 팀 회의 시간을 60% 단축했을 때도 비슷했네요. 단순히 그 팀만의 문제를 해결한 게 아니라, 다른 팀에서도 사용할 수 있는 시스템을 만들었으니까요."
"정확해요."
이은지 씨가 말했다.
"빌더와 실행자의 가장 큰 차이가 바로 그거예요. 실행자는 주어진 문제를 해결하지만, 빌더는 같은 유형의 문제를 체계적으로 해결할 수 있는 시스템을 만들어요."

김 팀장은 자신의 현재 역할에서도 이런 접근법을 적용해보고 싶었다. 그의 새로운 역할은 아시아 3개국 팀을 관리하는 것이었는데, 각 국가별로 다른 업무 문화와 의사소통 방식 때문에 효율성에 문제가 있었다. 김 팀장은 단순히 각 국가의 팀을 개별적으로 관리하는 대신, '문화적 차이를 활용한 글로벌 협업 시스템'을 설계하기로 했다.

그는 각 국가의 업무 문화를 약점이 아닌 강점으로 재정의했다. 그리고 한국 팀의 빠른 실행력, 싱가포르 팀의 체계적 분석력, 인도 팀의 창의적 문제 해결 능력을 각각 다른 프로젝트 단계에 최적화해서 배치했다. 아이디어 발굴은 인도 팀이 주도하고, 실현 가능성 분석은 싱가포르 팀이, 신속한 실행은 한국 팀이 담당하는 구조였다.

더 나아가 그는 '비동기 의사 결정 프레임워크'를 개발했다. 시차 때문에 실시간 회의가 어려운 상황을 오히려 활용해서, 24시간 연속으로 프로젝트가 진행될 수 있는 시스템을 만든 것이다. 한국 팀이 오후에 작업한 결과를 싱가포르 팀이 아침에 검토하고, 싱가포르 팀의 분석을 인도 팀이 오후에 받아서 창의적 솔루션을 개발하는 식이었다.

6개월 후, 김 팀장의 아시아 팀은 회사에서 가장 높은 생산성을 기록했다. 프로젝트 완료 속도는 30% 빨라졌고, 품질은 오히려 향상되었다. 무엇보다 팀원들의 만족도가 크게 높아졌다. 각 국가의 문화적 특성이 존중받고 있다고 느꼈기 때문이다.

설계가 만드는 연봉 프리미엄

1년 후, 회사는 김 팀장에게 예상보다 훨씬 큰 연봉 인상을 제안했다. 그리고 그의 글로벌 팀 관리 시스템을 다른 지역에도 적용하기로 결정했고, 그를 글로벌 운영 최적화 담당 부사장으로 승진시켰다.

"저는 그냥 제 팀을 잘 관리하려고 했을 뿐인데, 이런 결과가 나올 줄 몰랐어요."

김 팀장이 이은지 씨에게 말했다.

"그게 바로 설계적 사고의 힘이에요. 김 팀장님은 '팀 관리'라는 업무를 '글로벌 협업 시스템 설계'로 재정의했어요. 그 결과, 개인 팀의 성과를 넘어 회사 전체의 역량을 향상시키는 가치를 만들어낸 거죠. 연봉 협상에서 가장 강력한 무기는 내가 만든 시스템이 회사에 얼마나 큰 가치를 지속적으로 제공하고 있는지 보여주는 거예요."

그리고 이은지 씨는 마지막으로 조언을 덧붙였다.

"개인의 성과가 아니라, 조직의 역량을 향상시키는 시스템을 만드세요. 그것이 연봉 프리미엄의 비밀입니다."

김 팀장은 연봉의 격차는 능력의 격차가 아니라 관점의 격차라는 확신이 들었다. 같은 일을 해도 '실행으로 보는지/시스템 설계로 보는지'에 따라 만들어내는 가치가 완전히 달라지고, 그 가치의 차이가 결국 연봉의 차이로 이어진다는 것을 알 수 있었다.

빌더가 높은 연봉을 받는 이유는 단순히 일을 잘하기 때문이 아니다. 확장 가능한 가치를 만들어내기 때문이다. 그들이 설계한 시스템은 여러 팀, 여러 프로젝트, 여러 상황에서 반복적으로 사용될 수 있다. 이런 시스템은 개인의 시간과 노력을 투입하지 않아도 지속적으로 가치를 창출한다.

정민호 씨처럼 훌륭한 캠페인을 만드는 사람은 새로운 캠페인이 필요할 때마다 다시 처음부터 시작해야 한다. 하지만 이소영 씨처럼 시스템을 설계하는 사람은 한 번 만든 시스템이 계속해서 더 나은 결과를 만들어낸다. 회사 입장에서 어떤 사람에게 더 높은 연봉을 줄지는 자명하다.

5. 빌더는 이직도 프로젝트처럼 설계한다

운에 맡기지 않는 커리어 전환

김 팀장이 글로벌 운영 최적화 담당 부사장으로 승진한 지 1년이 지났다. 그는 현재 역할에서 큰 성과를 내고 있었지만, 새로운 도전에 대한 갈증도 느꼈다. 특히 스타트업에서 자신의 시스템 설계 능력을 시험해보고 싶었다.
"이제 정말 큰 도전을 해보고 싶어요."
김 팀장이 이은지 씨에게 말했다.
"AI 스타트업 CPO 역할에 관심이 있는데, 어떻게 접근해야 할까요?"
"좋은 타이밍이네요. 하지만 단순히 이력서를 넣고 기다리는 방식으로는 안 돼요. 이직도 빌더 방식으로 접근해야 합니다"라며 이은지 씨는 김 팀장에게 이직을 하나의 제품 개발 프로젝트처럼 접근해보자고 제안했다. 목표를 정의하고, 현재 상태를 분석하며,

갭을 메우는 전략을 수립하고, 실행 계획을 세우는 체계적인 방법이었다.

김 팀장은 먼저 자신의 이직 목표를 구체적으로 정의했다. 막연히 '스타트업에서 일하고 싶다'가 아니라, AI/SaaS 스타트업 CPO, Series B~C 단계, 직원 수 100~300명, 현재 대비 20% 연봉 인상과 스톡 옵션, 12개월 내 전환 완료라는 측정 가능하고 명확한 목표를 설정했다.

다음으로 그는 타깃 시장을 분석했다. 링크드인에서 현재 CPO로 일하고 있는 100명의 프로필을 분석하고, 최근 1년간 CPO 채용 공고 50개를 검토해서 가장 자주 언급되는 요구 사항들을 추출했다. 분석을 해보니 제품 전략 수립, 데이터 기반 의사 결정, 크로스 펑셔널 팀 리더십, 고객 중심 제품 개발 프로세스, AI/ML 기술 이해, 글로벌 시장 확장 경험이 핵심 역량으로 나타났다.

김 팀장은 자신의 현재 역량을 객관적으로 평가했다. 글로벌 팀 운영과 시스템 설계, 데이터 기반 의사 결정에는 강했지만, 제품 개발 경험과 AI/ML 기술 이해도가 부족했다. 또한 고객과 직접 소통하며 제품을 개선한 경험도 제한적이었다.

갭 해소를 위한 실전 경험 쌓기

이 갭들을 메우기 위해 김 팀장은 단순히 온라인 강의를 듣거나 책을 읽는 것이 아니라, 실제로 경험할 수 있는 마이크로 프로젝트들을 설계했다. 현재 회사에서 내부 업무 효율성을 위한 AI 기반 도구 개발 프로젝트를 자청했고, 분기별 고객 만족도 조사를 단순한 설문에서 심층 인터뷰 프로그램으로 확장해서 50명의 고객과 직접 인터뷰했다. 또한 회사의 주요 제품들에 대한 통합 지표 대시보드를 구축하면서 사용자 행동 분석, 전환율 최적화, A/B 테스트 설계를 경험했다. 마지막으로 액셀러레이터 프로그램에서 스타트업 멘토로 활동하면서 초기 스타트업의 제품 개발 과정을 가까이서 관찰하고 조언했다.

이런 프로젝트들을 통해 김 팀장은 6개월 만에 상당한 제품 경험을 쌓을 수 있었다. 무엇보다 이 모든 경험이 현재 회사의 성과로도 이어져서 상사들의 높은 평가를 받은 것은 큰 수확이었다. 이직 준비가 현재 업무에도 도움이 되는 구조를 만든 것이다.

개인 위키와 Career FAQ 시스템

이은지 씨는 김 팀장에게 특별한 도구를 제안했다. 일반적인 포트폴리오와는 완전히 다른 접근법인 '개인 위키'와 'Career FAQ'를 만들어보라는 것이었다. 개인 위키는 김 팀장의 모든 경험, 학습, 통찰을 체계적으로 정리한 온라인 지식 베이스였다. 단순한 이력서나 포트폴리오가 아니라, 그의 사고 과정과 문제 해결 접근법을 보여주는 살아 있는 문서였다.

위키는 그가 개발하고 사용하는 다양한 업무 프레임워크들을 정리한 Framework Library, 주요 프로젝트들의 상세한 과정과 학습 내용을 담은 Project Deep Dives, 새로 배운 기술과 읽은 책의 핵심 인사이트를 기록한 Learning Log, 실패한 프로젝트에서 배운 교훈과 개선 방안을 분석한 Failure Analysis, 그리고 사용하는 도구들과 각각의 활용법을 설명한 Tool Stack 섹션으로 구성되었다.

Career FAQ는 김 팀장이 받을 수 있는 질문들에 대한 미리 준비된 답변들이었다. 하지만 단순한 예상 질문 답안이 아니라, 그의 철학과 접근법을 보여주는 깊이 있는 콘텐츠였다. "왜 대기업에서 스타트업으로 이직하려고 하나요?", "제품 경험이 부족한데 CPO가 될 수 있다고 생각하나요?", "실패한 프로젝트 경험이 있나요?", "AI 기술을 어떻게 제품에 적용해야 한다고 생각하나요?" 같은 질문들에 대해 구체적인 사례와 데이터, 실제 결과물들로 뒷받침된 답변들이었다.

전략적 어프로치와 실행

6개월간 준비한 김 팀장의 이직 활동은 일반적인 지원자들과 전혀 달랐다. 그는 관심 있는 스타트업들을 미리 연구하고, 각 회사의 현재 제품 상황과 도전 과제를 분석했다. 그리고 면접에서 단순히 자신의 과거 경험을 설명하는 대신, 해당 회사의 제품을 어떻게 개선할 수 있는지에 대한 구체적인 제안도 준비했다.

예를 들어, 한 AI 기반 HR 솔루션 회사에 지원할 때는 해당 제품의 사용자가 온보딩 과정에서 이탈률이 높다는 분석과 함께, 자신이 이전에 구축한 점진적 기능 노출 시스템을 적용해서 신규 사용자 유지율을 60%에서 85%까지 향상시킬 수 있다는 구체적인 제안을 데이터와 프로토타입까지 준비해서 제시했다. 면접관들은 그가 단순히 이직을 원하는 지원자가 아니라, 이미 그들의 제품을 개선할 준비가 된 파트너라는 인상을 받았다.

또 다른 교육 플랫폼 회사에게는 글로벌 확장 시 문화적 차이를 고려한 학습 경험 설계 방안을 제안했고, 핀테크 스타트업에게는 AI를 활용한 개인화된 금융 상품 추천 시스템의 구체적인 설계안을 선보였다. 각각의 제안은 모두 그가 6개월간 준비한 마이크로 프로젝트의 실제 경험에서 나온 것들이었다.

체계적 준비가 만든 결과

김 팀장의 체계적인 이직 프로젝트는 12개월 만에 놀라운 성과를 거두었다. 그는 지원한 5개 스타트업 모두에서 최종 합격 제안을 받았다. 그는 그중에서도 AI 기반 교육 플랫폼을 운영하는 스타트업에 CPO로 합류하기로 결정했다. 새로운 연봉은 이전 대비 35% 증가했고, 상당한 스톡 옵션도 약속받았다. 더 중요한 것은 그가 원하던 역할에서 자신의 시스템 설계 능력을 마음껏 발휘할 수 있게 되었다는 점이다. 새로운 CEO는 첫 출근날 그에게 이렇게 말했다.

"솔직히 말하면 처음에는 제품 경험이 부족한 게 걱정되었어요. 하지만 면접에서 보여준 우리 제품 분석과 개선 제안을 보고 확신했습니다. 이미 우리 제품을 이해하고 있을 뿐만 아니라, 어떻게 발전시켜야 할지 명확한 비전을 가지고 있다고요."

김 팀장의 성공적인 이직은 우연이 아니었다. 그는 이직을 단순한 자리 이동이 아니라 가치 창출 기회의 재설계로 접근했다. 자신의 부족한 부분을 인정하고 체계적으로 보완했으며, 새로운 역할에서 어떤 가치를 만들어낼 수 있을지를 구체적으로 입증했다. 무엇보다 그는 준비 과정에서도 현재 회사의 성과를 높였다. 마이크로 프로젝트들이 모두 현재 업무와 연결되어 있었기 때문에, 이직 준비가 곧 현재 역할의 성장으로 이어졌던 것이다.

"1년 전에는 스타트업 CPO가 되는 게 불가능해 보였어요."

김 팀장이 이은지 씨에게 말했다.

"하지만 이직을 프로젝트처럼 설계하고 체계적으로 준비하니까 오히려 여러 회사에서 모셔가려고 하더라고요."

이처럼 빌더의 이직은 갑작스러운 결정이나 운에 의존하지 않는다. 그것은 장기적인 비전과 체계적인 준비, 그리고 모든 이해관계자에게 가치를 제공하는 설계의 결과다.

… 6. 여정을 즐기는 사람이 진정한 승자다

자리를 만드는 시대가 왔다

김 팀장이 새로운 스타트업에서 CPO로 일한 지 6개월이 지났다. 그런데 흥미롭게도 그의 역할은 전통적인 CPO와는 많이 달랐다. 그는 단순히 제품을 관리하는 것이 아니라, 완전히 새로운 영역을 개척하고 있었다.

"제가 지금 하는 일을 뭐라고 불러야 할지 모르겠어요."

김 팀장이 이은지 씨에게 말했다.

"AI Product Strategist? Global Experience Designer? 아니면 그냥 새로운 뭔가?"

이은지 씨는 빙그레 웃었다.

"바로 그거예요. 김 팀장님이 지금 경험하고 있는 게 바로 이 시대의 핵심이에요. 더 이상 기존에 만들어진 자리를 찾는 시대가 아니라, 자신만의 자리를 만들어 가는 시대가 된 거죠."

실제로 김 팀장은 회사에서 독특한 역할을 맡고 있었다. 그는 제품 개발뿐만 아니라 글로벌 진출 전략, AI 윤리 가이드라인 수립, 원격팀 문화 설계까지 담당하고 있었다. 이런 다면적 역할은 기존의 어떤 직무 기술서에도 없는 것들이었다.

사실 지금까지 김 팀장의 이야기를 통해 내가 전달하고 싶었던 핵심은 이것이었다. '우리는 더 이상 주어진 틀에 맞춰 살 필요가 없다는 것'. 그리고 '빌더란 바로 그런 새로운 가능성을 설계하고 실현하는 사람들이라는 것'.

김 팀장이 처음 야근에 지친 평범한 대리였을 때, 그에게 필요했던 것은 더 열심히 일하는 방법이 아니었다. 그에게 필요한 것은 '일하는 방식 자체를 재설계하는 관점'이었다. 시간-에너지 매트릭스, 실험 문화, 크로스 적응력 등 이 모든 것들은 단순한 생산성 향상 기법이 아니라, 자신만의 독특한 가치를 만들어내는 도구들이었다.

그가 팀장이 되어 1% 개선 시스템을 만들었을 때도 마찬가지였다. 그는 기존의 '관리자' 역할에 안주하지 않고, '시스템 설계자'라는 새로운 정체성을 만들어냈다. 그리고 그 시스템이 다른 팀에도 확산되면서 그는 회사 내에서 유일무이한 존재가 되었다.

포트폴리오를 '3-Layer'로 재구성하고, '5-3-1 네트워킹'을 구축하고, 이직을 프로젝트처럼 설계한 것도 모두 같은 맥락이다. 그는 기존의 방식을 따르는 대신, 자신만의 방식을 창조했다.

히든 피겨스의 여성들처럼

이 이야기는 영화 〈히든 피겨스〉의 여성들을 떠올리게 한다. 이 영화는 1960년대에 NASA미국항공우주국에서 일했던 흑인 여성 수학자들의 이야기를 다뤘다. 그들은 컴퓨터가 도입되면서 자신들의 일자리가 사라질 위기에 처했다. 하지만 그들은 좌절하는 대신, 남들보다 먼저 IBM 컴퓨터를 배우기 시작했다.

당시 대부분의 사람들은 컴퓨터를 위협으로 여겼다. 하지만 그들은 컴퓨터를 '새로운 가능성의 도구'로 봤다. 그리고 그 선택이 그들을 NASA 역사상 가장 중요한 인물들로 만들었다.

오늘날 우리는 AI라는 새로운 변화 앞에 서 있다. 많은 사람들이 AI가 내 일자리를 빼앗을까 봐 걱정한다. 하지만 빌더들은 다르게 생각한다. 그들은 "AI와 함께 어떤 새로운 가치를 만들 수 있을까?"를 고민한다.

김 팀장이 지금 하고 있는 일도 마찬가지다. 그는 단순히 제품에 AI를 기능으로 추가하는 것이 아니라, AI 시대에 맞게 완전히 새로운 사용자 경험을 설계하고 있다. 이는 기존의 어떤 CPO도 해보지 않은 일이다.

1인 기업가의 마인드 세트

그런데 여기서 흥미로운 점이 있다. 김 팀장이 여전히 '직장인'이라는 것이다. 하지만 그의 사고방식은 완전히 '1인 기업가'에 가깝다. 그는 자신을 회사의 부속품이 아니라, 독립적인 가치 창출의 주체로 본다.

이것이 바로 이 시대의 새로운 트렌드다. 정규직과 프리랜서의 경계가 흐려지고 있다. 많은 직장인들이 본업 외에 사이드 프로젝트를 하고, 프리랜서들과 협업하며, 때로는 자신이 프리랜서 역할을 하기도 한다.

내가 아는 한 마케터는 평일에는 대기업에서 브랜드 매니저로 일하지만, 주말에는 스타트업들에게 마케팅 컨설팅을 제공한다. 그 과정에서 그는 다양한 산업의 마케팅 트렌드를 학습하고, 그 인사이트를 다시 본업에 적용한다. 결과적으로 그는 동료들보다 훨씬 폭넓은 시각을 가지게 되었고, 회사에서도 유일무이한 존재가 되었다.

또 다른 개발자는 본업에서는 금융 시스템을 개발하지만, 개인 시간에는 AI 아트 프로젝트를 진행한다. 언뜻 전혀 관련 없어 보이지만, 그 과정에서 배운 AI 기술과 창의적 사고방식이 금융 시스템에 혁신적인 UX를 도입하는 데 큰 도움이 되고 있다.

존재하지 않는 직업을 위한 준비

빌더들의 가장 흥미로운 특징 중 하나는 '아직 존재하지 않는 직업을 위해 준비한다'는 것이다. 그들은 현재의 직무 기술서에 맞춰 자신을 개발하지 않는다. 대신 미래에 필요할 것 같은 역량들을 미리 갖춰 나간다.

10년 전에 '소셜미디어 매니저'라는 직업이 있었는가? 5년 전에 'AI 윤리 전문가'라는 역할이 있었는가? 이런 직업들은 모두 기술과 사회의 변화에 따라 새롭게 생겨난 것들이다. 그리고 이런 새로운 직업에서 성공한 사람들은 대부분 남들보다 먼저 그 분야에 관심을 갖고 준비한 사람들이었다.

김 팀장도 마찬가지다. 그가 지금 만들어 가고 있는 역할이 5년 후에는 '글로벌 AI 제품 전략가'나 '원격 협업 시스템 설계자' 같은 공식적인 직업이 될지도 모른다. 그리고 그때가 되면 그는 이미 그 분야의 선구자가 되어 있을 것이다.

진짜 승자는 누구인가?

여정 자체가 목적지다

하지만 여기서 가장 중요한 것은 결과가 아니라 과정이다. 김 팀장이 진정으로 변한 것은 직책이나 연봉이 아니라, '여정을 즐기는 능력'이었다.

예전의 김 대리는 항상 다음 단계를 걱정했다. '언제 승진할까?', '연봉은 언제 올라갈까?', '이 회사에 계속 있어도 될까?'였다. 하지만 지금은 다르다. 그는 매일매일 새로운 것을 배우고, 실험하고, 성장하는 과정 자체를 즐긴다.

그에게 실패는 더 이상 두려운 것이 아니다. 그것은 다음 실험을 위한 소중한 데이터일 뿐이다. 불확실성도 마찬가지다. 그는 불확실한 미래를 걱정하는 대신, 그 속에서 새로운 가능성을 찾는다.

내가 수년간 다양한 사람들을 만나면서 발견한 것이 하나 있다. 진짜 성공한 사람들은 모두 과정을 즐기는 사람들이었다. 그들은 목표 달성 자체보다, 그 목표를 향해 나아가는 여정에서 더 큰 만족을 느꼈다. 반면 결과에만 집착하는 사람들은 목표를 달성해도 별로 행복하지 않았다. 그들은 곧 다음 목표를 찾고, 그 과정에서 지속적인 불안과 스트레스에 시달렸다.

빌더와 일반인의 가장 큰 차이도 여기에 있다. 일반인은 '언제 도착할까?'를 묻지만, 빌더는 '어떻게 여행할까?'를 묻는다. 일반인은 완성된 결과물을 꿈꾸지만, 빌더는 만들어 가는 과정을 설계한다.

베타 버전으로 살아갈 용기

그리고 이 모든 것의 전제가 있다. 자신이 완성품이 아니라 베타 버전이라는 것을 인정하는 용기다. 빌더는 자신이 아직 미완성이라는 것을 부끄러워하지 않는다. 그것을 오히려 가능성으로 본다.

김 팀장도 아직 완벽하지 않다. 그는 여전히 부족한 부분이 많고, 실수도 하며, 때로는 확신이 서지 않는 결정을 내린다. 하지만 그는 그런 불완전함을 두려워하지 않는다. 왜냐하면 이러한 불완전함이야말로 성장의 여지이자, 새로운 가능성의 시작점이라는 것을 알기 때문이다.

이 시대를 살아가는 모든 사람에게 필요한 것이 바로 이런 마음가짐이다. 완벽해질 때까지 기다리지 말고, 지금 이 순간부터 시작하는 것. 기존의 틀에 맞추려 하지 말고, 자신만의 틀을 만들어가는 것. 그리고 그 과정 자체를 즐기는 것.

이 시대에는 여정을 즐기는 사람이 진짜 승자다. 그들에게는 매일이 새로운 발견이고, 매 순간이 성장의 기회이며, 모든 경험이 다음 단계를 위한 자산이기 때문이다. 그리고 그런 사람들이 결국 이렇게 빠르게 변화하는 세상에서 가장 적응력 있고, 가장 가치 있는 존재가 된다.

에필로그

우리는 모두 베타 버전이다

완성된 인생이 아니라, 매일 설계하는 삶

김 팀장의 이야기를 통해 나는 무엇을 말하고 싶었을까? 그가 평범한 대리에서 글로벌 기업의 부사장을 거쳐 스타트업 CPO가 되기까지의 여정에서 진짜 중요한 것은 직책의 변화가 아니었다. 그것은 관점의 변화였다.

처음 만났을 때 김 대리는 전형적으로 '열심히 일하는 사람'이었다. 야근을 밥 먹듯 하고, 상사가 시키는 일은 무엇이든 해내려고 노력했지만, 정작 자신이 어디로 가고 있는지는 명확하지 않았다. 그는 주어진 문제를 해결하는 데는 능숙했지만, 문제 자체를 재정의하는 것은 생각해보지 못했다.

하지만 '빌더스 코드'를 배우면서 그는 관점이 바뀌었다. 그는 더 이상 '일을 처리하는 사람'이 아니라 '일하는 방식을 설계하는 사람'이 되었다. 시간을 관리하는 대신 에너지를 설계했고, 실패를 두려워하는 대신 실험을 설계했으며, 관계를 우연에 맡기는 대신 신뢰를 설계했다.

이 모든 변화의 핵심에는 하나의 깨달음이 있었다. 우리는 완성품이 아니라 베타 버전이라는 것이었다. 그리고 그것이야말로 그가 가진 가장 큰 가능성이었다.

빌더가 되기 위한 베타 버전의 삶

소프트웨어 개발에서 베타 버전은 아직 완성되지 않은 상태를 의미한다. 버그가 있을 수 있고, 기능이 불완전할 수도 있으며, 예상치 못한 문제가 발생할 수도 있다. 많은 사람들이 베타를 부정적으로 생각하는 이유다.

하지만 개발자들은 안다. 베타야말로 가장 역동적이고 가능성이 넘치는 상태라는 것을. 베타는 지속적으로 업데이트되고, 사용자들의 피드백을 받아 개선되며, 그 결과 새로운 기능이 추가된다. 완성된 제품은 변화할 여지가 제한적이지만, 베타는 무한한 발전 가능성을 품고 있다.

우리 삶도 마찬가지다. 완벽해지려고 애쓰는 대신, 베타 버전으로 살아갈 용기를 가져보자. 그러면 모든 것을 알지 못해도, 모든 것이 준비되지 않아도, 지금 이 순간 시작할 수 있고, 매일 조금씩 업데이트하며 더 나은 버전으로 발전해갈 수 있다.

김 팀장도 처음부터 완벽한 빌더는 아니었다. 그는 수많은 시행착오를 겪었고, 때로는 실패도 했으며, 여전히 부족한 부분이 많다. 하지만 그는 그런 불완전함을 부끄러워하지 않았다. 오히려 다음 버전을 위한 개선 포인트로 받아들였다.

설계하는 삶의 아름다움

얼마 전, 나는 부산의 한 요리사를 만났다. 그는 자신의 경험을 이렇게 표현했다.

"요리는 결코 완성되지 않아요. 항상 더 나은 버전이 있기 마련이죠. 중요한 건 그 과정을 즐기는 거예요. 오늘의 요리가 어제보다 조금 더 맛있다면, 그것만으로도 충분한 성취감을 느껴요."

그의 말은 빌더의 삶을 완벽하게 설명한다. 빌더는 완성을 추구하지 않는다. 대신 지속적인 개선을 추구한다. 그들에게 삶은 완성해야 할 프로젝트가 아니라, 매일 조금씩 더 나은 모습으로 설계해 나가는 여정이다.

내가 지난 15년간 수천 명의 사람들을 만나면서 발견한 것이 하나 있다. 진정으로 행복하고 성공한 사람들은 모두 이런 마음가짐을 가지고 있었다는 것이다. 그들은 목표 달성 자체보다, 그 목표를 향해 나아가는 과정에서 더 큰 만족을 느꼈다. 그들에게 성장은 결과가 아니라 과정이었다.

반면 결과에만 집착하는 사람들은 목표를 달성해도 그리 행복하지 않았다. 그들은 곧 다음 목표를 찾고, 그 과정에서 지속적인 불안과 스트레스에 시달렸다. 그들에게 삶은 완성해야 할 숙제였고, 그 숙제는 끝이 없었다.

실패를 받아들이는 새로운 방식

1년 전, 나는 서울의 한 스타트업 대표를 만났다. 그는 첫 사업에서 크게 실패했다. 모든 돈을 쏟아부었지만, 시장의 반응은 냉담했고, 결국 사업을 접어야 했다. 대부분의 사람이라면 그 경험을 '인생의 오점'으로 여기고 가능한 한 빨리 잊으려 했을 것이다.

하지만 그는 달랐다. 그는 실패의 경험을 하나하나 분석하여 'FailMap'이라는 문서를 만들었다. 그는 자신이 범한 실수, 간과한 신호들, 잘못 해석한 데이터들을 체계적으로 정리했다. 그리고 이 문서는 그가 두 번째 사업을 시작할 때 가장 중요한 참고 자료가 되었다. 그는 "첫 번째 실패는 내게 1억 원짜리 교육이었다"며, "그 교훈을 바탕으로 두 번째 사업에서는 같은 실수를 반복하지 않을 수 있었고, 결국 성공할 수 있었다"고 말했다.

그의 이야기는 실패를 바라보는 빌더의 시각을 잘 보여준다. 실패는 끝이 아니라 데이터다. 더 나은 설계를 위한 소중한 정보다. 모든 실패에는 교훈이 담겨 있고, 그 교훈을 통해 우리는 성장한다.

매일의 작은 실험이 만드는 큰 변화

대구에 사는 한 주부의 이야기도 인상적이었다. 그녀는 10년간의 경력 단절 후 사회 복귀를 꿈꾸며 프로그래밍을 독학하기 시작했다. 그녀는 목표를 거창하게 잡지 않았다. 대신 매일 30분씩 코딩 공부를 하는 작은 루틴을 설계했다.

"하루 30분이 뭐가 대수냐고 생각하지만, 1년이면 180시간이 넘는 시간이에요. 짧은 시간이라도 꾸준히 하는 것이 중요하다고 생각했어요."

또한 그녀는 자신만의 '실험 노트'도 만들었다. 새로운 프로그래밍 개념을 배울 때마다 그것을 실생활의 문제를 해결하는 데 적용해보는 작은 프로젝트도 진행했다. 가족의 식단 계획을 자동화하는 프로그램, 아이들의 학습 일정을 관리하는 앱 등 일상의 작은 문제들을 코딩으로 해결해 나갔다.

1년 반 후, 그녀는 지역 IT 회사에 개발자로 취업했다. 면접관은 그녀의 포트폴리오에 담긴 작은 프로젝트들이 실용적이고 창의적이라며 높이 평가했다. 그녀는 "제 강점은 화려한 기술이 아니라, 실생활의 문제를 해결하는 관점이었어요. 매일의 작은 실험들이 모여 제 인생을 바꿨죠"라고 말했다.

이처럼 일상의 작은 실험들이 모여 놀라운 변화를 만들어낸다. 한 번의 큰 도약보다, 매일의 작은 걸음이 우리를 더 멀리 데려간다.

정지된 물은 썩기 마련이다

내가 이 책을 쓰면서 가장 강조하고 싶었던 것은 이것이다. "정지된 물은 썩기 마련이다"라는 것. 진정한 삶은 완결된 이야기가 아니라 끊임없이 흐르고 변화하며 자신만의 독특한 물길을 찾아가는 여정에 있다.

우리는 종종 '완벽해질 때까지' 기다리며 시작을 미룬다. '더 많은 지식을 쌓을 때까지', '더 좋은 환경이 갖춰질 때까지', '더 확신이 들 때까지'라는 수많은 조건을 붙인다. 하지만 그 '완벽한 때'는 절대 오지 않는다.

빌더는 이런 함정에 빠지지 않는다. 그들은 자신이 '베타 버전'임을 받아들이고, 그 상태에서 시작한다. 완벽하지 않아도, 모든 것을 알지 못해도, 때로는 실패할 것을 알면서도 시작한다. 베타 버전이란 미완성, 불안정, 가능성을 상징한다. 완벽하지 않기에 계속해서 개선할 여지가 있고, 확정되지 않았기에 더 많은 가능성을 품고 있다. 중요한 것은 베타 상태를 방치하느냐, 아니면 매일 1%씩 구조를 개선해 가느냐의 선택 뿐이다.

한 노련한 등산가의 조언

한 노련한 등산가가 내게 들려준 말로 이 책을 마무리하고자 한다.
"산에 오르다 보면 정상이 목표인 줄 알았는데, 알고 보니 그건 또 다른 시작점이었던 경우가 많아요. 그게 인생이죠."
김 팀장의 이야기도 마찬가지다. 그가 CPO가 된 것으로 끝난 것이 아니다. 그것은 또 다른 시작점일 뿐이다. 그는 앞으로도 계속해서 새로운 도전과 마주할 것이고, 새로운 문제를 해결해야 할 것이며, 새로운 시스템을 설계해 나가야 할 것이다.
하지만 이제 그는 두렵지 않을 것이다. 왜냐하면 빌더가 되었기 때문이다. 그는 문제를 해결하는 도구들을 가지고 있고, 변화에 적응하는 방법을 알고 있으며, 무엇보다 그 과정 자체를 즐길 수 있게 되었다.

마지막 메시지

이 책을 덮는 순간, 스스로에게 물어보자.
'나는 지금 어떤 인생을 꿈꾸고 있는가? 그리고 그 인생을, 오늘 내가 직접 설계하고 있는가?'
정답은 없다. 다만, 설계하는 삶을 선택하는 사람만이 매일 조금씩 더 나아지는 작은 기적들을 경험할 수 있다.

누군가는 인생의 정답을 찾으려 애쓰고, 누군가는 완벽한 설계도를 꿈꾼다. 하지만 세상은 한 번도 완성된 적이 없고, 우리 역시 언제나 미완성의 상태로 살아간다. 완벽함의 추구는 성장의 종말을 의미한다. 진짜 성장은 '완성'이 아니라, 매일 조금씩 나아지고, 어제의 나를 넘어서는 지속적 실험과 개선에서 비롯된다.

우리는 모두 베타 버전이다. 그리고 이 사실이야말로 진정한 성장의 시작이다. 그러니 완벽해질 때까지 기다리지 말자. 지금 이 순간부터 시작하자. 기존의 틀에 맞추려 하지 말고, 자신만의 틀을 만들어 가자.

빌더와 일반인의 차이는 재능이나 운이 아니다. 그것은 단 하나의 선택에서 비롯된다.

'오늘 하루를 그냥 보낼 것인가, 아니면 설계할 것인가?'

지금 선택이 당신의 미래를 만든다. 지금 시작하라.

AI 시대, 일과 생활을 설계하는 사람들의
특별한 커리어 생존 전략!
빌더스 코드

초판 1쇄 인쇄 | 2025년 8월 1일
초판 1쇄 발행 | 2025년 8월 5일

지은이 | 원미영
펴낸이 | 김진성
펴낸곳 | 허l터북스

편 집 | 김경훈, 이선희, 정은혜
디자인 | 임정호
관 리 | 정서윤

출판등록 | 2005년 2월 21일 제 2016-000006
주   소 | 경기도 수원시 송죽동 449-20번지, 302호
대표전화 | 02) 323-4421
팩   스 | 02) 323-7753
전자우편 | kjs9653@hotmail.com

Copyright©by 원미영

값 18,000 원
ISBN 979-11-993648-0-6(03320)

＊잘못된 책은 서점에서 바꾸어 드립니다
＊이 책은 저작권법의 보호를 받는 저작물이므로 무단전재와 복제를 금합니다
　본문 내용을 사용할 경우 출판사의 허락을 받아야 합니다.